J'ai toujours faim

Renaître à soi-même : un défi de taille

Carnie Wilson

avec Cindy Pearlman

Traduit de l'américain
par Diane Thivierge

Titre original anglais : I'm still hungry
Copyright ©2004 Éditions AdA Inc. pour la traduction française
Cette édition est publiée en accord avec Hay House, Inc., Carlsbad, CA

Traduction : Diane Thivierge
Révision linguistique : Nicole Demers, André St-Hilaire
Révision : Nancy Coulombe
Typographie et mise en page : Sébastien Rougeau
Graphisme de la page couverture : Sébastien Rougeau
Photos : Greg Bertolini
Coiffure et maquillage de Carnie : Daniel Combs

ISBN 2-89565-190-6
Première impression : 2004
Dépôt légal : deuxième trimestre 2004
Bibliothèque Nationale du Québec
Bibliothèque Nationale du Canada

Éditions AdA Inc.
1385, boul. Lionel-Boulet
Varennes, Québec, Canada, J3X 1P7
Téléphone : 450-929-0296
Télécopieur : 450-929-0220
www.ada-inc.com
info@ada-inc.com

Diffusion

Canada : Éditions AdA Inc.
France : D.G. Diffusion
        Rue Max Planck, B. P. 734
        31683 Labege Cedex
        Téléphone : 05-61-00-09-99
Suisse : Transat - 23.42.77.40
Belgique : D.G. Diffusion - 05-61-00-09-99

Imprimé au Canada

Participation de la SODEC.
Nous reconnaissons l'aide financière du gouvernement du Canada par l'entremise du Programme d'aide
au développement de l'industrie de l'édition (PADIÉ) pour nos activités d'édition.
Gouvernement du Québec - Programme de crédit d'impôt pour l'édition de livres - Gestion SODEC.

Catalogage avant publication de la Bibliothèque nationale du Canada

Wilson, Carnie, 1968-

    J'ai toujours faim : renaître à soi-même : un défi de taille

    Autobiographie.
    Traduction de : I'm still hungry.

    ISBN 2-89565-190-6

    1. Wilson, Carnie, 1968- - Santé. 2. Obèses - États-Unis - Biographies. 3. Chanteurs- États-Unis -
Biographies. 4. Court-circuit jéjuno-illial - Patients - États-Unis - Biographies. I. Titre.

RC628.W52614 2004   362.196'398'0092   C2004-940688-4

☆

Je dédie ce livre à vous, qui avez inventé le beignet au babeurre glacé à l'ancienne. J'aurais envie de vous tordre le cou. Rien qu'à l'idée d'en manger un, je souffre le martyre. À moins que je ne vous serre dans mes bras pour toutes les fois où j'en ai mangé trois d'affilée et où j'ai eu du mal à croire qu'il existait en ce bas monde quelque chose d'aussi délicieux. C'est en partie votre faute si j'ai eu besoin d'un by-pass gastrique. Ha, ha !

Bon, soyons sérieux : ce livre est dédié à tous ceux qui luttent contre l'embonpoint ou tout autre type d'accoutumance. Vous seuls comprenez. Et j'ai envie de vous dire que vous <u>pouvez</u> effectivement changer, si vous le désirez vraiment. Il n'en tient qu'à vous.

☆

✪ Table des matières

✪ Préface

L'autre nuit, j'ai fait un rêve étrange mais tout à fait exquis. Vêtue d'une longue robe blanche, je courais vers un jardin secret, sentant sous mes pieds nus l'herbe qui me chatouillait. Prenant une grande respiration, j'ai poussé la porte et je n'ai pu que cligner des yeux devant l'étrangeté du paysage en Technicolor qui se déployait devant moi. Je me suis alors enfoncée dans ce que j'ai d'abord pris pour de la terre et qui s'est révélé, à mon grand étonnement, être du fudge au chocolat ultra-riche. Je suis parvenue à me dégager de ce sable mouvant à forte teneur en gras et me suis retrouvée sur un sentier de « pierres », qui n'étaient autres que des noix mouillées cimentées par une substance que je n'avais pas fréquentée depuis tellement longtemps qu'à sa vue j'ai réprimé un cri : c'était du beurre ! Comme une folle, je me suis élancée à travers champs lorsque j'ai senti quelque chose me piquer les pieds. Ce n'était pas des brins d'herbe, mais un tapis sans fin de paillettes en bonbon, aux couleurs de l'arc-en-ciel.

« Qu'est-ce qui m'arrive ? Je ne mange presque plus jamais de dessert ! » me dis-je en m'écroulant de chagrin et en m'agrippant à une tige de tournesol pour essayer de me relever. Horrifiée, je retirai aussitôt ma main, voyant que la plante en question était en fait un biscuit géant au chocolat. Apercevant au loin un plan d'eau miroitant, j'ai décidé de courir en sa direction, espérant pouvoir m'y reposer un peu et reprendre mon souffle, mais peine perdue. J'ai rapidement distingué qu'il s'agissait en fait d'une mare de fudge chaud et onctueux, au centre duquel trônait un îlot de crème brûlée.

En désespoir de cause, je me suis tournée vers une force supérieure et j'ai murmuré « Mon Dieu, aidez-moi », levant les yeux vers un ciel bleu parsemé, non pas de nuages, mais de mini-soufflés à la guimauve.

Je me suis alors réveillée en sursaut, étonnée de voir près de moi mon mari qui dormait ainsi que nos trois chiens, et j'ai aussitôt compris que mes mésaventures n'étaient en fait qu'un cauchemar. Dans la douce pénombre de ma chambre, j'ai fait une autre découverte : *Merde, j'ai encore faim.*

Je sais que vous vous attendiez à autre chose de mon nouveau livre. Soyez honnête ! Vous avez pensé que j'allais vous confier avoir trouvé la paix intérieure dans un hamburger au tofu, le bonheur dans un jean de taille six et le sens de l'existence dans la possibilité, en position debout, d'apercevoir à nouveau mes chevilles.

Tout ce que je viens de dire est la pure vérité, bien sûr, mais nous y reviendrons tout à l'heure. Voici réellement ce qui en est : j'ai perdu plus de 68 kilos et je vous jure sur mon nouveau petit derrière que j'ai encore faim. J'ai encore envie de beignets au babeurre, mais là n'est pas la question. Après avoir subi une chirurgie de l'obésité morbide et avoir gardé ma taille pendant trois ans, eh bien ! j'ai encore faim. J'ai envie de nourrir mon besoin de connaissances, de vérité, de contacts et de satisfaction dans ma vie. Par contre, je me sens remplie par des choses qui n'ont rien à voir avec la nourriture et, pour la première fois de ma vie, je me sens satisfaite après un repas.

Même moi, j'ai de la difficulté à y croire. Mes yeux continuent cependant d'être plus grands que ma panse… À propos, mon aventure a commencé par un premier livre, *Gut Feelings*, dans lequel je racontais mon enfance et toutes ces années où j'ai été « la grosse » aussi bien en privé qu'en public — entre autres, lorsque j'ai chanté dans le duo Wilson Phillips et que j'ai animé mon propre talk-show quotidien. J'y raconte également comment j'ai rencontré et épousé l'homme de ma vie, Rob ; je parle de mon by-pass gastrique et j'explique comment j'ai eu le courage de me prouver à moi-même que, avec des efforts, de la détermination et de la volonté (mot qui ne faisait pas partie de mon vocabulaire il y a quelques années seulement), on peut vraiment changer sa vie.

Ce rêve s'est réalisé…, mais ce n'est pas tout.

Alors, allons-y voir.

❂ Remerciements

L'espace me manque pour exprimer ma reconnaissance à tous ceux que j'aimerais remercier. Ce livre s'est tissé au fil des rencontres et des événements qui m'ont touchée et ont embelli ma vie. J'espère que ce fut symbiotique !

J'aimerais tout d'abord remercier Cindy Pearlman, qui a écrit ce livre avec moi. Ça a cliqué dès notre première rencontre et je veux que tu saches, Cindy, que tu as fait de l'excellent travail. Nous appartenons à la même famille d'esprit, ce qui explique la cohésion de ce livre. Tu es bourrée de talent et tu es un ange.

Je voudrais particulièrement remercier :

La maison d'édition Hay House, qui m'a fourni l'occasion de toucher encore plus de gens.

Danny Levine, pour son grand cœur et la bonne idée qu'il a eue d'avoir pensé à Cindy comme collaboratrice.

Jill Kramer et Shannon Littrell, dont la contribution a été inestimable et à qui je voudrais dire merci pour tout.

Spotlighthealth.com, pour nous permettre d'offrir de l'espoir et des renseignements importants à des gens qui ont désespérément besoin de nous.

Le docteur Allan Wittgrove, qui fait des merveilles, et le docteur Steven Zax, pour son expérience et sa délicatesse, ainsi que pour ma magnifique paire de nichons (d'accord, d'accord : *seins*).

Leslie Jester, pour le respect, la confiance, la loyauté et l'affection qu'elle continuera toujours de m'inspirer.

Wilson Phillips, qui tient le coup.

Les gens du service de voix hors champ de la William Morris Agency, qui sont tous formidables.

Blockbuster, qui m'a chargée de la campagne « hamster-and-rabbitt ».

Mes amis chez Doner — Ron Rose et Davis Glick — avec qui je me suis bien amusée.

Al Jardine, pour les moments inoubliables que nous avons vécus ensemble et à qui je serai éternellement reconnaissante, car c'est grâce à lui que j'ai rencontré mon mari.

Marilyn Grabowski et Steve Wayda de *Playboy*, qui ont cru en moi et ont fait en sorte que je me sente belle.

Marc Shoen, qui m'a aidée à évoluer et à me sentir plus en sécurité.

Daniel et Brian, pour leur générosité et les rires partagés.

Pam Miller, pour son amitié, sa patience et ses conseils d'une valeur inestimable.

Tiffany, pour avoir plongé avec moi. Nous sommes maintenant deux à faire cela.

Micky Shapiro, mon ami et gérant. Sans toi, je ne serais pas qui je suis, ni là où je suis aujourd'hui. Nous avons beaucoup de choses en commun et nous travaillons d'arrache-pied pour réaliser le même rêve d'équilibre, d'amour et de succès. La place est à nous. Je t'aime.

Ma merveilleuse famille et mes très chers amis, qui sont trop nombreux pour que je les nomme individuellement, mais à qui je veux exprimer mon amour.

Ma douce et aimante sœur, Wendy, que j'admire et qui vit sa vie avec beaucoup d'intégrité.

Papa, Melinda et Gloria, pour leur grande force.

Mon beau-père Daniel, qui aime maman et la fait rire tous les jours.

Ma mère Marilyn, qui sait toujours ce qu'il faut faire, qui m'a enseigné l'authenticité et dont l'amour rayonnera toujours dans mon cœur.

Mon mari, Rob, l'homme auprès de qui j'ai décidé de vivre. Merci d'être mon meilleur ami, mon amant et ma douce moitié. Tu es un ange tombé du ciel. Je t'aime, mon chéri. (Ce qu'il est beau en plus !)

Un gros (sans jeu de mots) bravo aux patients qui ont subi un by-pass gastrique ; nous sommes courageux et nous serons toujours liés par ce que nous avons traversé ensemble.

Et je ne peux passer sous silence nos chiens Willie, Olive et Sammy. Qui pourrait vivre sans l'affection de ces créatures bien spéciales ?

Et pour terminer, un énorme merci à Aney (Katrina), mon éditrice qui travaille dans l'ombre. Je t'aime et je t'apprécie beaucoup.

❂ Introduction

Six... huit

Tout d'abord, j'aimerais vous présenter la moitié de moi-même qui vient d'émerger. Vous ne l'avez sûrement jamais rencontrée, car elle a vécu de longues années sous d'épaisses couches protectrices.

Je m'appelle Carnie Wilson. Vous ai-je dit que j'avais perdu 68 kilos (Bravo !) : six… huit. J'ai, Dieu merci, perdu à peu près tout sauf mon sens de l'humour. C'est pourquoi j'ai eu envie d'intituler ce livre *Putain de merde, j'ai perdu 68 kilos !* On m'a rétorqué que les fondamentalistes risquaient de s'évanouir à la vue de ce titre, ce qui n'aurait rien arrangé. On m'a aussi informée que certaines grandes chaînes de magasins (qui se reconnaissent sûrement) refuseraient de vendre le livre. Que faire ? On m'a aussi refusé le titre *La survivance des plus aptes… à grossir.* (Drôle ou trop farfelu ? À vous de juger.) Personnellement, j'aurais aimé *Courir avec des Twinkies*, mais j'ai du mal à imaginer une promotion conjointe du genre : « Mais elle ne mange qu'une partie de la crème pâtissière à faible teneur en gras ! »

J'adorais le sous-titre *Gérer le succès, atteindre son but, puis tout foutre en l'air.* Je suis certaine que vous pensiez que, après avoir subi une chirurgie de l'obésité et perdu tout ce poids, ma vie serait ni plus ni moins parfaite, un point c'est tout. Mais ce n'était que le début.

Lorsque j'ai opté pour une chirurgie de l'obésité, je savais consciemment que j'allais modifier mon apparence. Or, j'ai également dû changer à l'intérieur pour pouvoir faire face à des cicatrices qui m'atteignaient jusque dans la moelle, et dont *moi seule* connaissais l'existence. Ces blessures tapies au plus profond de moi semblaient avoir attendu tout ce temps pour émerger de l'épaisse couche protectrice qui les ensevelissait. J'aurais aussi bien pu intituler ce livre *Toujours un oignon*, car je n'ai pas encore fini d'enlever toutes les pelures.

En vérité, je n'ai presque pas eu à réfléchir lorsque j'ai décidé de subir ma chirurgie. Une petite voix à l'intérieur de moi me disait : « Carnie, si tu ne fais pas cela, tu vas mourir. Tu disparaîtras de la face de la terre. » Lorsque j'essayais de ne pas en tenir compte, elle me rappelait que j'étais la seule à pouvoir me sauver la vie, que ni ma mère ni mon père ne pouvaient m'y obliger, que ça ne pouvait pas venir de ma sœur non plus et qu'il n'appartenait à personne d'autre que *moi* de prendre une telle décision. Après que j'eus perdu du poids, cette damnée petite voix a refait surface pour me souffler à l'oreille : « Maintenant que tu as la vie sauve, as-tu pensé à ce que tu allais en faire ? »

Leslie Jester, une très bonne amie qui est infirmière, m'avait dit que la chirurgie aurait 25 % d'impact sur mon physique et 75 % sur mes émotions. Au début, je ne l'ai pas crue. Je me disais : « Ça va être tellement fantastique ; je serai mince, je m'achèterai un bikini, je me sentirai bien et tout va aller pour le mieux. » Combien d'entre nous se sont dit maintes et maintes fois : « Si je pouvais seulement perdre du poids, ma vie serait parfaite » ? Ou, encore mieux : « Je vais maigrir, trouver un travail formidable, rencontrer l'homme parfait, gagner un million de dollars et me réveiller chaque matin auprès de mon mari (Brad Pitt) en pensant : « Je me demande si on devrait aller à la première ce soir ou rester à la maison et passer une soirée torride à s'envoyer en l'air ? »

Je sais que ça paraît un peu ridicule quand on lit ça — surtout la référence à Brad Pitt (sentez-vous libre de remplacer ce dernier par Colin Farrell si vous préférez) — mais, blague à part, je crois qu'il s'agit de solutions faciles qui nous engourdissent et bloquent l'accès à nos vraies émotions.

Eh bien oui ! j'en suis sortie transformée physiquement. C'était comme une renaissance et j'étais enfin libérée de ma propension à me goinfrer, qui était devenue une véritable prison. Il me fallait maintenant ouvrir les yeux et me secouer un peu. Je venais de me donner une seconde chance… il me restait à décider de la suite des choses.

En perdant du poids, je ne m'étais pas débarrassée de mes problèmes émotifs. En fait, je m'étais servi de mon surplus de poids comme d'une barrière empêchant quiconque de s'apercevoir à quel point je souffrais. Au fil des ans, j'avais accumulé beaucoup de stress, de peurs, d'insécurités, d'échecs, de déceptions et d'autres saletés du genre que j'appelle « poisons ». Après avoir fondu de moitié, il me fallait donc trouver une façon d'éliminer tous ces poisons *et* de modifier ma perception de moi-même. Mon corps s'était délesté de 68 kilos, mais mon cerveau portait encore le poids de mes problèmes d'antan.

Mon amaigrissement n'était que le point de départ. Si je voulais être mince et mal en point, il me suffisait de continuer à prendre les mauvaises décisions à l'origine de ma prise de poids initiale. J'en parle régulièrement avec Marc, mon thérapeute.

Même grosse, je recherchais le réconfort et la sécurité. J'ai l'air extravertie comme ça, mais c'est parfois du camouflage. Avant, je ne me sentais pas en sécurité ; alors, je faisais passer mon anxiété en mangeant trop. Maintenant, je suis incapable de manger comme ça ; alors, je dois vraiment travailler fort pour maîtriser mes émotions. Si je n'y arrive pas, je risque d'engloutir tellement de friandises que je finirai par porter une taille 20 (ou plus).

J'ai compris que. si je voulais être une personne mince et *équilibrée*, je devais me défaire de mes mauvais plis sur le plan émotionnel, ce qui, croyez-moi, s'est révélé beaucoup plus ardu que de perdre du poids. D'abord, les progrès sont un peu plus difficiles à mesurer. Il est impossible de monter sur la balance et de calculer les pertes de bagage émotif. J'ai appris à mesurer mon succès au sourire que j'avais aux lèvres en me levant le matin et à la sensation de calme qui m'habitait le soir en me couchant. C'est d'un tout autre fardeau que j'ai dû me délester, et je peux vous assurer que ça n'a pas été facile tous les jours. Il y avait cependant un avantage : gageons que j'ai brûlé des tas de calories en chemin. Après tout, si l'on peut brûler 100 calories rien qu'à passer l'aspirateur, imaginez combien on en brûle à faire de l'introspection !

En cours de route, j'ai fait connaissance avec un nouveau moi qui se sent enfin libre et qui a gagné de l'assurance. Je ne me suis cependant pas débarrassée des déclencheurs d'émotions et, certains jours, j'ai juste envie de m'asseoir et de pleurer. Et je ne m'en prive pas (nom d'un chien que ça fait du bien !) En d'autres termes, je n'ai pas écrit un livre pour raconter que, depuis que j'ai perdu du poids, je me lève tous les matins avec l'envie d'aller embrasser un arbre en pensant que la vie est merveilleuse. Si seulement c'était aussi simple que ça ! Si seulement , *moi*, j'étais aussi simple que ça ! Cependant, je ne l'ai jamais été, et ne le serai jamais.

Je sais que, pour trouver des réponses, il faut remonter aux origines. C'est donc à l'âge de quatre ou cinq ans — à l'époque disco dans les années 70 — que j'ai commencé à faire des allers-retours réguliers au frigo pour y engouffrer friandise sur friandise. Disons simplement que, lorsque je faisais référence à « Little Debbie », je ne parlais pas de la petite voisine, mais de ma friandise préférée.

Quand j'avais huit ans, papa — l'extrêmement talentueux Brian Wilson des Beach Boys — pesait environ 141 kilos parce qu'il adorait manger de la crème glacée et du gâteau en guise de souper. Qui aurait pu l'en blâmer ? Qui a besoin d'un bœuf braisé et d'une salade ? Par ici la crème glacée aux brisures de chocolat à la menthe, et n'oubliez pas les pâtisseries (j'en reprendrai bien une deuxième fois, si vous n'y voyez pas d'inconvénient). Ma mère aussi luttait pour garder la ligne. Chez nous, le *kugel* était souvent au menu. Ce mets se compose de plusieurs couches de nouilles et de sucre, auxquelles on peut ajouter des raisins secs si on ne trouve pas ça assez sucré. Délectable ! Mais tout ne tournait pas aussi « rond » à la maison…

Enfant, j'arrivais mal à comprendre pourquoi ma famille ne prenait pas le repas du soir ensemble et ne partait jamais en vacances comme tout le monde, l'été venu. Je savais pourtant que, sur un autre plan, j'avais de la chance. Je me suis rendu compte très jeune que la musique m'émouvait et que j'étais très sensible aux vibrations et à l'énergie des autres — comme mon père. Enfant, j'aurais donné n'importe quoi pour attirer l'attention de mon père, et la nourriture semblait nous rapprocher. Pendant que d'autres enfants jouaient au ballon avec leur paternel, papa et moi partagions un dessert composé de 30 boules de crème glacée (miam !) appelé « The Zoo » chez Shakey's Pizza. Croyez-le ou non, nous parvenions à tout engouffrer !

J'ai passé mon enfance à manger des sucreries. Rien d'étonnant, puisque je me sentais tellement mieux après, sauf lorsque j'apercevais le regard inquiet de mes parents qui me voyaient grossir à vue d'oeil. Wendy, ma sœur, poussait en hauteur alors que, moi, je poussais en largeur. En quatrième année, je pesais 50 kilos ; à la fin de mon secondaire, j'en pesais 91 ; et, à 30 ans, j'atteignais les 136 kilos. J'en étais rendue à ne presque plus pouvoir me déplacer, ce qui m'inquiétait beaucoup. La nuit, je me réveillais souvent haletante, aux prises avec l'apnée du sommeil : j'étouffais littéralement sous ma graisse.

Mon corps était une véritable zone de combat : d'un côté, mes organes ; de l'autre, ma graisse. Je savais qu'en gardant mes 136 kilos j'arriverais peut-être à remporter quelques batailles, mais que je finirais sûrement par perdre la guerre. J'imaginais dans ma tête qu'une de ces nuits je me réveillerais en cherchant de l'air et que je n'en trouverais pas assez pour satisfaire mes poumons. Je voyais ma mère recevant un appel de détresse de ma part en plein milieu de la nuit. Je pourrais à peine parler, mais elle devinerait la gravité de la situation. Mon « film » se terminerait par une scène où ma mère et ma sœur Wendy découvrent mon corps inanimé.

Et puis un jour, mon médecin m'a réellement donné la frousse en m'apprenant que je souffrais d'une maladie meurtrière appelée *obésité*, une maladie qui risquait de m'emporter. J'étais déjà prédiabétique, mon taux de cholestérol et ma tension artérielle étaient dangereusement élevés et des calculs commençaient à se former dans ma vésicule. Je souffrais d'hernies discales, de maux de tête chroniques, de douleurs articulaires et d'asthme. Cela ne m'empêchait pourtant pas de manger des crêpes et du bacon au petit-déjeuner, ainsi qu'un Big Mac et 20 McCroquettes au poulet au dîner — j'étais comme tous ceux qui vivent la tête enfouie dans le sable.

Est arrivé un matin où je n'ai pu continuer à faire comme si de rien n'était. En me regardant dans le miroir, j'ai constaté que mon visage était partiellement paralysé (paralysie de Bell) et, du même coup, j'ai trouvé beaucoup moins « drôle » de projeter l'image de la « grosse fille comique ».

J'ai compris depuis que Dieu venait de me mettre en quarantaine et qu'il me lançait un dernier avertissement : « *C'EST MAINTENANT OU JAMAIS QUE TU DOIS MAIGRIR !* » Je savais qu'il me fallait poser un geste draconien pour me forcer à changer. Le 10 août 1999, en subissant un by-pass gastrique, je choisissais de vivre. J'aime bien m'y référer comme étant « mon 911 personnel ». En d'autres termes, je me suis moi-même sauvé la vie.

Aujourd'hui, lorsque quelqu'un me confie ne plus savoir quoi faire, une seule réponse me vient à l'esprit : « Tu dois te sauver toi-même. »

Maintenant, pour comprendre ce qui m'a poussée à écrire un autre livre, il faut jeter un coup d'œil rapide sur le passé. Un jour,

je jouais au jeu de société Candy Land avec ma sœur Wendy et j'ai
perdu. Je me suis mise à arpenter la pièce en tapant des pieds
jusqu'à ce que ma mère me prenne à part et me dise : « Chérie, il
te faut apprendre à être bonne perdante. » Je lui ai fait mon sourire
le plus mielleux, j'ai vite appliqué un baiser sur sa joue, et je me
suis empressée de regagner la chambre et de pincer ma sœur le
plus fort possible. Je suis persuadée qu'on a entendu son
hurlement jusque dans les villes voisines. Disons pour résumer
que je n'étais pas bonne perdante et que je m'en excuse auprès de
Wendy. (Même si ma mère lit ces lignes, je continuerai bien sûr à
tout nier.)

Ce souvenir m'amène à me demander si je suis toujours aussi
mauvaise perdante : n'ai-je pas perdu une moitié de moi-même !
Peut-être comprendrez-vous ce que je veux dire quand vous
arriverez à la fin du bouquin.

Je *suis* fière d'avoir perdu une partie de mon pessimisme, bien
que je n'aie rien perdu de ma capacité à nager dans l'absurde.
L'autre jour, Rob, mon mari, et moi avons sorti des placards un
vieux jean taille 28 (taille américaine) dans lequel j'étais
autrefois un peu serrée après un repas. A-t-il dit : « Chérie, je suis
tellement fier de toi » ? Ai-je répliqué : « Qu'est-ce que j'ai fait du
progrès, chou » ? Eh bien non ! J'ai dit mot pour mot : « Oh là là,
j'avais vraiment une croupe énorme à l'époque ! »

Et Rob de prononcer les seuls mots qu'un mari qui tient à la
vie s'autorise à prononcer en de telles circonstances : « Chérie, tu
es folle ! »

Je l'ai serré dans mes bras qui, encore à ce jour, manquent un
peu de fermeté (mais ça s'en vient).

J'ai écrit le présent bouquin dans l'espoir d'encourager ceux et celles qui, à un moment ou à un autre de leur vie, décident de changer de cap, peu importe le domaine. J'entends déjà certains d'entre vous penser : « Tout ce babillage inutile au sujet des émotions ne m'intéresse absolument pas. Vivement qu'on m'explique comment perdre 2 kilos ! »

Eh bien ! j'ai répondu à votre appel. Dès le prochain chapitre, que j'ai décidé de mettre en début de livre, je vous fais part de quelques idées fausses servant pathétiquement d'excuses aux personnes qui sont « à la diète ». (Je sais que vous vous reconnaîtrez sans doute — surtout lorsque je parle de se déshabiller avant de se peser.)

Vient ensuite la partie I, où j'explique comment j'ai redessiné mon corps, suivie de la partie II, qui traite de musculation du cerveau ! Dans l'annexe, je vous donne encore des conseils pour perdre du poids et je vous fais part de mon régime amaigrissant, qui vous conviendra peu importe si vous avez ou non subi une chirurgie de l'obésité. Il y a même une section à l'intention de ceux et celles qui désirent subir un by-pass gastrique. Je vous entends déjà vous demander : « Mais où sont donc les propos aguichants sur son expérience de Playmate ? » Sentez-vous libre de passer directement au chapitre 15. J'en ferais autant.

Je présume que mon agent de bord préféré ferait de même. Il arrive parfois, alors qu'on s'y attend le moins, qu'un observateur nous offre sans cérémonie un point de vue tout à fait éclairant sur notre situation. C'est ce qui s'est passé quand Roxanne Hott m'a lancé « Carnie Wilson ! » alors que nous survolions le Grand Canyon à 9 000 mètres d'altitude et qu'elle me versait mon café sur un vol me ramenant à la maison après une visite dans un hôpital. Elle m'a ensuite donné la permission de l'appeler par son sobriquet, « Hot Roxy » (je n'ai pas posé de questions).

« Ça fait vraiment plaisir de te rencontrer, ma chérie », a-t-elle poursuivi en m'offrant un succédané de crème à café. Secouant la tête, elle a ajouté : « Ma fille, tu as relevé tout un défi, toi, un défi de taille ! »

Je lui ai rétorqué : « Je ne te le fais pas dire, chère Hot Roxy ! » (Merci de m'avoir inspiré le titre de ce livre : tu es un ange !)

Pour relever ce défi de taille, j'ai peut-être perdu l'équivalent en poids d'une personne entière ; par contre, j'ai trouvé une nouvelle Carnie, cachée sous de nombreuses couches protectrices de tissu adipeux, et savez-vous quoi ? La fille n'a toujours que cinq ans et elle est terrifiée. Ça, c'est la partie où j'ai encore du travail à faire, car c'est là le véritable enjeu !

La nouvelle Carnie rêve-t-elle encore de crêpes au babeurre nappées d'une quantité industrielle de sirop d'érable ? Ohhhhh oui !

Se permet-elle d'en manger ? Jamais de la vie ! Croyez-le ou non, je n'ai pas si faim que ça.

✪ Toute vérité n'est pas bonne à... manger

longeons dans le vif du sujet. Je vous entends d'ici me supplier : « Allez, Carnie, je sais que tu en as enduré beaucoup, que tu as subi une chirurgie majeure mais, de grâce, donne-moi au moins un truc pour perdre du poids avant que je plonge dans ce livre de 200 pages ! »

Attendez un instant, s'il vous plaît, parce que je viens de répandre 50 grammes de mozzarella râpé sur mon œuf poêlé et que j'ai peur qu'un feu de graisse se déclare sous peu. Je devrais réellement mesurer le fromage… Oh ! mais je viens peut-être d'inventer un plat auquel le chef Emeril Lagasse consacrera une émission, un plat appelé l'œuf flambé au fromage. J'adore ce chef !

À vrai dire, lorsque je suis disciplinée, je commence la journée par ce plat, que j'accompagne d'à peine cinq millilitres de ketchup. Si je me sens plutôt comme une *fiesta mamma* — à la Carmen Lupe Rosita Margarita Sanchez, mon alter ego (j'adore prendre l'accent espagnol !) —, il m'arrive de glisser l'œuf dans une tortilla, bien que j'aie intérêt à éviter les hydrates de carbone. Ça, c'est le premier conseil de ce livre pour garder la ligne !

D'accord, d'accord, étant donné que j'ai passé plusieurs années à dresser une liste de mythes et d'idées fausses concernant les diètes minceur, j'ai décidé de vous dire toute la vérité sur un certain nombre de sujets. Par exemple, vous devriez *réellement* mesurer le fromage râpé. Nous sommes nombreux à sauter cette étape et, pourtant, si nous mettions bout à bout tous les filaments de fromage que nous avons mangés en trop, ils s'étendraient de la Californie jusqu'à New York. Ça fait plus de 110 calories, ça !

Et dans un monde idéal, j'aimerais croire qu'un produit appelé Entenmann's Light est vraiment allégé, mais mon gros bon sens me dit qu'il ne peut y avoir quoi que ce soit de léger dans un produit appelé « torsades au fudge et à la noix de coco » !

Il est grand temps de regarder la réalité en face. J'ai payé cher pour apprendre qu'il vaut mieux ne pas se raconter d'histoires :

1. Non seulement il est dégoûtant de manger de la nourriture sortie des ordures mais, en plus, ces calories-là comptent autant que les autres. C'est une autre façon qu'a l'univers de nous mettre au défi, nous les femmes et les éboueurs (Beurk ! On ne sait jamais !) Disons que je viens de jeter à la poubelle les restes de gâteau quatre-quarts que j'ai servi à mes amis. Eh bien, je n'arrêterai pas d'y penser. J'essaierai de me convaincre qu'il repose à côté des résidus du sac d'aspirateur ou encore qu'il touche au marc de café, mais je saurai dans mon for intérieur que je l'ai secrètement placé dans un endroit superhygiénique entre deux revues impeccablement propres. Je pourrais donc le consommer sans problème, n'est-ce pas ?

Faux ! Même si le gâteau est un peu dégoûtant et spongieux après avoir souffert de la chaleur et de la condensation, il n'en contient pas moins des œufs, de la farine et du sucre. En d'autres termes, même s'il a été rescapé des poubelles, ses calories sont bien réelles. Si vous vous tenez debout près des poubelles comme ma nouvelle meilleure amie, qui jouait Miranda dans *Sex and the City* (vous souvenez-vous de la scène où elle « fait l'amour » avec un gâteau Betty Crocker qu'elle avait mis aux vidanges ?), ça compte ça aussi. Alors, maintenant, lorsque je passe à côté d'un sac à poubelles, je m'efforce de me souvenir que, la semaine d'avant, j'y ai jeté le vomi de mon chien Willie (Beurk ! Infect !)

2. Un slip Victoria's Secret pèse environ 142 grammes. Par souci d'exactitude historique et pour satisfaire à la demande de l'Agence fédérale qui pèse les sous-vêtements (AFPS), j'ai pesé mon plus beau slip noir sur une balance de haute précision pour les aliments. Revenons un peu sur terre : enlever votre slip avant de vous peser ne vous sortira pas du pétrin. Vous allez juste sentir un petit courant d'air en montant sur la balance (à moins que vous y preniez plaisir…). Sachez également, aux fins du dossier, qu'en dépit de ce que je viens de dire je ne me pèse jamais avec mon slip blanc à froufrous. Dieu seul sait combien toute cette dentelle pèse car, voyez-vous, c'est de la dentelle *vraiment* lourde…

3. Je dois maintenant vous dire une chose parfaitement infecte : oui, vous avez intérêt à passer aux toilettes avant de vous peser. J'ai du mal à croire ce que je viens de dire, mais tout le monde sait que c'est vrai. Comme je n'ai aucune idée du poids de mes matières fécales, contrairement au poids de mon slip, il me semble logique de me peser après avoir libéré mes intestins. Et puis *pas question* de sortir ma balance ! Dossier clos.

4. Pour ce qui est de la balance, j'ai découvert que, si je la déplace vers le petit creux dans le plancher de la salle de bains, elle n'indiquera pas mon vrai poids : au mieux, elle indiquera un vice de construction dans ma maison. De plus, il est inutile de se pencher comme la tour de Pise (bien que si un jour j'écris un livre de yoga, je vous jure que j'inventerai quelques postures qui s'exécutent dans n'importe quelle salle de bains des États-Unis). Et si vous essayez de vous soulever quelque peu en appuyant deux doigts sur le comptoir, eh bien ! ça ne marchera pas non plus. (Il est parfaitement normal, cependant, de tenir le comptoir à deux mains sous l'effet du choc, une fois qu'on s'est pesé.)

5. Quant à ce qu'on trouve dans les magasins d'aliments naturels, sachez que la réglisse a beau provenir de pâturages autrichiens où les chevaux courent librement et où résonne l'écho de la voix de Julie Andrews... ça n'en est pas moins un foutu bonbon ! Je ne suis pas une habituée de ce genre d'endroit car, ce qui me fait vraiment saliver, c'est le logo de M&M. De plus, j'aime bien savoir que mes Snickers sont de vrais Snickers. Et lorsque je n'en peux plus, je me dis que le chocolat noir biologique ne contient pas moins de calories que le contenu d'un papier d'emballage brun ordinaire où c'est écrit Hershey's. Désolée de vous avoir déçu (j'avoue cependant que les pâturages sur l'emballage de votre chocolat bio sont vraiment mignons).

6. Les bonbons sans sucre ? Vous savez, ceux qui contiennent un édulcorant chimique au nom imprononçable. Je me contenterai de dire que vous avez intérêt à vous trouver à proximité d'une salle de bains, sinon soyez prêt à laisser sortir une série de pets qui feront croire que vous venez d'inventer un nouveau parfum : *Eau d'enfer*. Ça n'en vaut pas la peine.

7. Une cuillerée de crème aigre allégée de la taille du mont Everest n'est pas vraiment si inoffensive, surtout quand vous utilisez la louche pour en napper à peu près tout ce que vous mangez. Pendant qu'on y est, j'aimerais vous dire quelques mots au sujet de ces biscuits prétendument allégés dont je ne n'ai pas le droit de mentionner le nom (appelons-les « Whack Swells »). Je sais qu'il m'est impossible de me restreindre à un ou deux (même si je les aime plus ou moins à cause de leur goût artificiel et de tous les produits chimiques qu'ils contiennent), mais avez-vous déjà remarqué que ces aliments à faible teneur en gras sont bourrés de sucre ? Prenez donc un vrai biscuit à la place, mais un seul ou alors une moitié, et puis délectez-vous en repensant au délicieux goût de cannelle, aux grains de chocolat, à la texture croustillante… Vous voyez ce que je veux dire ? Bon, j'arrête de me tourmenter.

8. Le glaçage est une substance littéralement démoniaque. Faire un gâteau pour ceux que vous aimez rien que dans le but de manger le reste du glaçage en cachette, c'est là un sujet auquel Oprah pourrait, je crois, consacrer toute une émission d'une heure. En attendant, je vous invite à ne pas approcher vos doigts de ces foutus couvercles à languette faciles à ouvrir.

9. La pâte est un aliment cru. Quand on y réfléchit bien, on se rend compte que c'est comme manger des œufs crus, ce qui est loin d'être rassurant. Vous souvenez-vous, dans le film *Rocky*, de la scène où ce dernier avalait des œufs crus ? Ça m'écoeure chaque fois que j'y pense. Seriez-vous capable d'ouvrir la porte du frigo, de casser un œuf dans une tasse et de l'avaler ? Repensez à ça quand vous aurez envie d'essuyer le bol de pâte à biscuit avec vos doigts — sauf si vous vous appelez Martha Stewart et que vous élevez vos propres poulets. Mais soyons réalistes... Quand vous êtes tenté de manger de la pâte, essayez de vous convaincre que vous risquez de mourir d'une maladie causée par une étrange bactérie qui, je crois, a tué plusieurs chefs européens dodus (mais heureux).

10. Vous ne pouvez pas toujours expliquer votre poids par des ballonnements. Après tout, ces cinq kilos ne sont pas soudainement apparus parce que : a) vous allez bientôt avoir vos règles ; b) vous venez d'avoir vos règles. Dans 29 jours, vous allez encore avoir ces misérables règles qui vous causent tous ces ballonnements.

11. Du fudge hypocalorique ? Ne soyons pas ridicules !

12. À mon avis, la méthode la plus intéressante et la plus facile pour perdre du poids, c'est de mâcher la nourriture et de la recracher. De cette façon, vous profitez du goût et de la sensation de mâcher sans les calories qui viennent normalement avec (quelques calories se fraieront quand même un chemin jusqu'à vous). L'inconvénient, c'est que votre amoureux risque de ne pas comprendre pourquoi vous vous précipitez constamment à la salle de bains. Il pourrait croire que vous êtes boulimique. Pire encore : votre mère risque de vous donner une tape sur la main malgré vos 35 ans parce que ce n'est pas comme ça qu'elle vous a élevée. Cependant, lorsque vous avez envie de chocolat, vous êtes mieux d'en mâcher que d'en avaler. Et tant qu'à recracher dans la poubelle, arrangez-vous pour ne pas manquer le gâteau quatre-quarts que vous faites mine d'éviter comme la peste.

13. Les régimes amaigrissants ? Ce sont les pires mythes qui soient et c'est eux qui sont en partie responsables de mon by-pass gastrique. Poursuivez votre lecture.

Partie I

La grande perdante
(*Félicitations !*)

✪ Partie I – Introduction

Quiconque aime manger sera d'accord avec moi : la partie du milieu est toujours la meilleure. Qu'on pense seulement aux Tootsie Pops, aux biscuits Oreo et aux Twinkies de Hostess (ne m'invitez surtout pas à parler de leur garniture à la crème, je ne pourrais plus m'arrêter !)

C'est la même chose pour mon cheminement vers la minceur : c'est la partie du milieu qui est la plus intéressante, celle où la grosse que j'étais est devenue mince, c'est-à-dire la période où j'ai effectivement perdu du poids. Après tout, je ne suis pas passée de A à Z en un clin d'œil.

Je vous expose mon cheminement étalé sur deux ans, avec ses triomphes, ses défis et ses déceptions. Puis un miracle s'est produit : j'ai enfin été capable de résister à la tentation de dire « Tant pis, je veux mes Snickers *et* mon poulet frit. »

Comme plusieurs d'entre vous, j'ai suivi un nombre incalculable de régimes amaigrissants qui n'ont rien donné. Jusqu'à maintenant cependant, je n'avais jamais été du côté des gagnants, de ceux qui peuvent affirmer avoir vaincu cette chose appelée *obésité*.

Dans la première partie du livre, je vous raconte, sous forme de journal, comment j'ai fait pour arriver à mon but... car ça n'a pas été facile. Vous y trouverez également le décompte exact de mes progrès indiquant quelles étapes j'ai franchies pendant que je luttais contre mes démons intérieurs, qui risquaient à tout moment de me catapulter à nouveau dans un jean de taille 28 (mesure américaine) !

Il y a eu ma chirurgie, bien sûr, mais j'aurais tout aussi bien pu reprendre mes vieilles habitudes sans perdre un seul kilo. Pouvez-vous seulement imaginer ça ? Eh bien, ne vous inquiétez pas, car j'ai bel et bien perdu du poids et je vous raconte en détail comment ça s'est passé.

Chapitre *Un*

Femme
en voie de
disparition

<u>*D'août à octobre 1999*</u>

★   *Poids le jour de ma chirurgie : 131 kilos*
★   *Poids à la fin d'octobre : 97 kilos*
★   *Tailles : de 28 à 18*

*P*arlons chiffres, voulez-vous ? Un jour, avant de subir ma chirurgie, je suis montée sur la balance et celle-ci marquait 135 kilos. Il va sans dire que j'ai été horrifiée. Je crois même que mon cœur s'est arrêté de battre car je me suis dit que, si l'on pèse autant à 31 ans, il y a bien peu de chances que l'on vive jusqu'à 90 ans (encore jusqu'à 40). C'était triste à dire, mais je devais me rendre à l'évidence que j'allais mourir jeune si je ne faisais rien pour y remédier.

Pendant la période d'attente où je me préparais à subir l'opération, je suis descendue à 131 kilos sans rien faire d'autre que de m'inquiéter. Je dois sans doute ce petit coup de pouce à mon système nerveux. Qui n'a pas un jour expérimenté le régime amaigrissant à haute teneur en anxiété après une peine d'amour, un licenciement ou toute autre épreuve du genre ? Notre métabolisme semble s'activer tout à coup, comme si l'on venait de suer pendant trois heures sur un tapis roulant. Je ne souhaite à personne de suivre un tel régime, peu importe son efficacité.

Quoi qu'il en soit, le 10 août 1999, j'ai fait ce qu'il fallait pour sauver ma peau.

En me réveillant de l'opération, j'ai remercié le bon Dieu de m'avoir permis de survivre à ma chirurgie… puis je me suis assoupie de nouveau après avoir appuyé quelques fois sur le dispensateur de morphine. Pendant les moments où j'ai été consciente, je me souviens que mon corps était soit complètement endolori, soit complètement engourdi. Malgré toute ma gratitude, j'étais réellement mal en point. J'avais des tubes branchés partout, ce qui m'empêchait de me retourner, sans compter qu'il était maintenant hors de question que je dorme sur le ventre, au moins pour un bon mois encore.

Pour ressentir un semblant de confort, j'avais besoin de 11 oreillers. Même les efforts acharnés de ma mère, qui n'arrêtait pas de les réagencer, ne parvenaient pas à me soulager. Maman a été une sainte : elle a pris soin de moi dès mon retour à la maison. J'étais un gros bébé et elle a fait beaucoup plus que son devoir. Elle a essuyé non seulement mes larmes, mais aussi… Devinez quoi. Arrêtons-nous là. Seule une mère peut se dévouer de la sorte.

En fait de nourriture, j'avais droit à de succulents glaçons suivis d'un verre d'eau. Le lendemain, j'ai pris mon premier repas : quelques gorgées de bouillon de poulet et du Jell-O. Rosemary, mon infirmière, faisait tout pour me rendre la plus petite chose agréable et intéressante. Je l'adorais.

Sans entrer dans le jargon médical, j'aimerais simplement préciser que j'avais désormais l'estomac gros comme mon pouce et que son orifice n'était pas plus large que l'ouverture d'un tube dentifrice. J'aurais donc à réapprendre à manger. Au début, j'étais inquiète à l'idée d'introduire n'était-ce que deux ou trois bouchées dans mon nouvel estomac, mais le bouillon et le Jell-O me faisaient du bien : c'était chaud, délicieux et réconfortant. Tout en savourant ces premiers aliments, je me rappelle avoir compris (pour la première fois de ma vie) que la nourriture était d'abord là pour assurer notre survie. Je prenais de minuscules bouchées de Jell-O et les laissais fondre dans ma bouche avant de les avaler. Il n'y a pas de mots pour décrire à quel point j'étais fière de moi en constatant que ça ne me faisait pas souffrir et ne me donnait pas la nausée. En fait, ça passait très bien.

J'entends encore mon mentor, Leslie Jester, me dire : « Dès que tu te sentiras pleine, arrête. » Quelle idée saugrenue ! Pouvez-vous donc me dire pourquoi je n'avais pas fait ça auparavant ? Pour résumer, disons que le meilleur conseil que je puisse donner à ceux qui veulent perdre du poids est celui-ci : lorsque vous êtes rassasié, déposez vos ustensiles ; ainsi, vous ne mangerez jamais trop. Personnellement, c'était la première fois que j'en étais capable.

Immédiatement après l'opération, une chose très étrange s'est produite : j'avais terriblement hâte qu'on me permette de me lever pour aller me promener dans les corridors de l'hôpital. Non pas que je voulais faire de l'exercice à tout prix (ça viendrait plus tard, à ma grande consternation) ou que j'avais tellement hâte de me tenir debout (j'avoue que ça a quand même fait du bien), mais je mourais d'envie d'aller me peser pour me prouver à moi-même que cette expérience terrifiante en avait valu la peine.

La première fois que je suis montée sur la balance, j'ai vu que j'avais *grossi* de 6 kilos ! Ça, ce n'était *pas* écrit dans la brochure ! Est-ce qu'on pourrait me rembourser ? C'était l'une des plus mauvaises farces que l'on puisse faire à quelqu'un !

« T'inquiète pas, Carnie, me dit Rosemary, mon infirmière. Tu es simplement gonflée à cause de l'opération. Si tu relaxes, tu auras une belle surprise dans 24 heures. » Et elle avait raison. Le lendemain, je me suis rendue à pas de tortue jusqu'à la balance et j'ai constaté que j'avais perdu trois de ces six kilos. Et le surlendemain, encore deux et demi. J'ai pensé : qu'on appelle les journaux tout de suite !

Je dois vous raconter un incident que j'ai cru grave au départ, mais qui s'est révélé plutôt bénin par la suite. On vous parle toujours des risques qui accompagnent une chirurgie de ce genre, n'est-ce pas ? Eh bien, malheureusement, une petite infection (appelée *soroma*) s'est logée dans une de mes incisions laparoscopiques. En gros, ça ressemblait à un petit sachet de liquide poisseux que Leslie et mon médecin ont dû vider à l'aide d'un mini-bâton orange. J'ai eu besoin d'injections à la Novocaïne : c'est dire *à quel point* ça faisait mal. Je ne veux pas faire peur à personne, mais ils ont dû me piquer trois fois par jour, directement dans la blessure. Aïe ! Je voudrais être honnête envers ceux qui songent à subir ce genre d'opération, parce qu'une personne sur dix risque de se retrouver avec un *soroma*. Comparativement à toutes les joies que l'on connaît quand on réussit à perdre du poids, l'infection n'aura été qu'un court épisode désagréable. C'était horrible, douloureux et angoissant mais, comme toute chose qui répond à ces critères, ça finit par passer. Peu après, je me suis retrouvée sur le chemin de la guérison, accompagnée de ma mère, de ma tante Dee-Dee et de Wendy. Je n'oublierai jamais comment elles ont enduré mes doléances, ainsi que mes folles crises de larmes mêlées de rires extatiques.

Seulement trois jours plus tard, j'emménageais dans une maison de convalescence située à proximité de l'hôpital. Lorsque j'y suis entrée, je pesais 121 kilos et j'en étais tellement heureuse que je me serais volontiers trémoussée si mon état me l'avait permis. Surtout que je venais de crier au meurtre chaque fois que ma mère avait franchi une de ces bosses qui forcent à ralentir dans le stationnement de l'établissement, même si ça se terminait immanquablement par des éclats de rire. On a même loué un La-Z-Boy pour que je puisse dormir, parce que c'était le seul endroit où mon pauvre corps pouvait trouver un brin de confort.

À l'époque, je me nourrissais encore d'eau, de bouillon et de succulent Jell-O (dont j'ai appris à détester toutes les saveurs, surtout l'horrible citron vert). Dix jours plus tard, j'avais perdu (roulements de tambours, s'il vous plaît) 10 kilos. Je pensais que c'était un miracle et je n'arrivais pas à me l'expliquer. Et puis, j'ai consommé mes premiers aliments solides : trois bouchées de la taille d'un dix cents d'œuf à la coque et trois bouchées, toutes aussi énormes, de pain grillé beurré. Non seulement c'était aussi bon qu'un souper d'Action de grâce mais, en plus, j'étais complètement rassasiée. Et quand j'ai eu droit à un morceau de saumon de la taille d'une pièce de un dollar, j'ai failli avoir un orgasme. Après quelques bouchées, je me suis arrêtée et vous savez quoi ? Je n'avais plus du tout faim.

Comment pouvais-je être rassasiée après seulement trois bouchées de saumon ? J'ai pensé téléphoner aux gens de *Ripley's Believe It or Not !* parce que c'était une première.

Quelques jours plus tard, lorsque je suis rentrée à la maison, mon moral était au beau fixe. En fait, j'étais survoltée parce que je me trouvais au cœur de la plus importante bataille de ma vie et que j'apercevais enfin la victoire. J'étais comme sur un nuage parce qu'en réalité la nourriture ne m'intéressait plus. Tout un miracle, croyez-moi !

Je m'excuse auprès de ceux qui ont déjà lu *Gut Feelings* et qui trouvent peut-être que je me répète, mais je dois quand même situer un peu les novices. Alors, au risque de radoter, quelques mois avant ma chirurgie, j'ai rencontré un fabuleux musicien du nom de Rob Bonfiglio, alors que j'étais en tournée avec Al Jardine, anciennement des Beach Boys. Seule ombre au tableau : il vivait à Philadelphie et, moi, en Californie. Cependant, comme on se plaisait beaucoup, on bravait régulièrement la distance qui nous séparait pour se voir. Après ma chirurgie, je passais mes soirées à téléphoner à Rob pour lui dire combien j'étais forte et enthousiaste, et à quel point je m'ennuyais de lui. Il a fini par me dire qu'il n'en pouvait plus d'être loin de moi et qu'il était vraiment fier de ce que j'avais accompli.

Environ six semaines après ma chirurgie, alors que Rob me rendait visite, je suis retombée sous le charme d'un de mes ex... mets préférés : le rouleau épicé au thon ! J'avais toujours aimé le sushi et ça me manquait beaucoup ; alors, j'ai cédé à la tentation, même s'il était nettement trop tôt encore pour manger du riz. Les cinq petites bouchées de thon épicé que j'ai ingurgitées sont vite revenues me hanter. J'ai demandé à Rob d'arrêter la voiture le long du très fréquenté boulevard Beverly Glen à Beverly Hills — le genre de scène qui aurait fait les délices des journaux à potins.

« Arrrgggahhhhhh ! Ouille ! Ouille ! » ai-je gémi en me tordant de douleur. « Je ne sais pas si je préfère vomir, aller aux toilettes ou simplement m'asseoir ici et me laisser mourir. »

J'ai cru lire de la panique sur le visage de Rob au moment où il frictionnait le mien, déformé sous l'effet de la douleur.

Plus tard, j'ai appris de mon médecin que le riz du sushi s'était gonflé au point d'excéder le volume de mon petit estomac, ce qui explique que j'aie eu si mal. Imaginez que vous ayez commandé une pizza « extra large » en vous promettant de n'en manger que quelques pointes et que vous l'ayez toute engouffrée. Vous êtes à la fois malade et furieux, deux émotions qui ne font pas bon ménage, peu importe les circonstances.

L'épisode du sushi était derrière moi (Dieu merci), mais tout n'était pas rose pour autant. Rob a dû retourner travailler à Philadelphie et je me suis retrouvée seule. La solitude n'était peut-être pas une mauvaise chose, car j'avais toute une vie de mauvaises habitudes alimentaires à changer et un corps sur lequel je devais travailler à temps plein. Je suivais religieusement mes quatre règles d'or : commencer mes repas par des protéines, boire chaque jour 2 litres d'eau, ne pas grignoter entre les repas et faire de l'exercice.

Comprenez-moi bien : on ne parle pas de mettre une vidéocassette de tae-bo ou de transformer Carnie en maître kung-fu. J'ai commencé par marcher à tout petits pas, de ma porte d'entrée à la boîte aux lettres. La distance parcourue de mon lit à mon garage comptait pour une grosse séance d'aérobie, au bout de laquelle il y avait une récompense majeure : ma balance médicale (celle que j'ai depuis des lustres). Tous les matins, je m'y rendais, comme un enfant le jour de Noël pour voir s'il n'y avait pas quelque chose de fabuleux et d'inattendu sous l'arbre.

Chaque jour, à cette époque, une merveilleuse surprise m'attendait : j'avais perdu un demi-kilo. Le jour où j'ai déplacé le plus gros poids sur la balance de 120 kg à 100 kg, j'étais pratiquement hystérique. Par le passé, voyez-vous, peu importe le régime que je suivais, ce fichu truc ne voulait pas bouger. Chaque jour, je me disais que j'aurais à le remettre à sa place habituelle mais, au lieu de cela, je m'en éloignais de plus en plus. C'était ahurissant !

Cette fois, je réagissais différemment : je ne me laissais pas décourager par les petits reculs. Or, ce qui devait arriver arriva : un jour, je me suis rendue au garage et j'ai constaté que je n'avais pas perdu de poids. Spontanément, j'ai pensé : « Zut, zut ! et re-Zut ! ». Cependant, au lieu de me dire que je m'étais plantée ou que je n'atteindrais jamais mon objectif, je suis revenue dans la maison et j'ai bu encore plus d'eau que d'habitude. L'eau peut vraiment faire une différence. Je sais que nous avons tous entendu cela des milliers de fois, mais c'est vrai : boire beaucoup d'eau peut aider à perdre du poids. Ce que je ne savais pas, c'est que la graisse s'élimine par l'urine. Alors, chaque fois que je m'assois sur la toilette, je pense que je suis en train de perdre un autre demi-kilo. Et, comme par enchantement, le lendemain j'ai perdu *un* kilo. Si vous êtes déjà allé chez les Weight Watchers, vous savez qu'il y a de quoi célébrer si vous arrivez à perdre un kilo en une seule semaine. Alors, imaginez un kilo en un jour : ça devrait suffire pour qu'on décrète une fête nationale en votre honneur !

Revenons dans la salle de bains, où un autre événement digne d'être célébré a eu lieu. Je ne savais si j'avais la berlue ou quoi, mais il me semblait qu'un de mes mentons avait disparu par magie. On aurait dit que la Grande Fée des mentons était venue faire un peu de chirurgie plastique sur moi pendant la nuit. Après seulement 12 kilos en moins, je constatais déjà une énorme différence et je n'en revenais tout simplement pas.

Environ un mois après ma chirurgie, Al Jardine m'a appelée pour que je me joigne au groupe de parents et amis des Beach Boys qui partait en tournée. Comme je m'ennuyais beaucoup de la troupe et de la scène, j'ai accepté et je suis remontée sur scène à quelques reprises avec eux.

Curieusement, je ne m'inquiétais pas de la façon dont j'allais me nourrir en tournée. Je savais qu'il est possible de bien manger en toutes circonstances et j'ai adopté le régime suivant : un œuf accompagné d'un petit peu de mozzarella pour le petit-déjeuner ; 5 grammes de beurre de cacahuètes non sucré comme collation (si j'en avais besoin) ; de la poitrine de poulet grillée, deux bouchées de légumes ou de salade et une ou deux bouchées de féculent (comme des pommes de terre) pour le lunch ; du saumon, deux ou trois bouchées de légumes et quelques bouchées de salade avec de la vinaigrette ordinaire pour le souper. Si j'en avais envie (et ce n'était pas toujours le cas), j'ajoutais à mon souper une tranche de pain beurrée et c'était le paradis. Cela m'avait rien à voir avec mes habitudes d'antan, alors que je pouvais engouffrer tout le contenu d'une corbeille à pain.

Maintenant, une seule tranche suffisait à me rassasier. C'était inouï de penser qu'en si peu de temps j'avais appris à apprécier la nourriture au point d'en avoir si peu besoin.

J'ai suivi ce régime (en variant mes sources de protéines) à la lettre pendant les six premiers mois après ma chirurgie, et je ne m'en suis jamais lassée. (Pas besoin d'avoir subi une chirurgie de l'obésité pour le suivre. Voir les détails en annexe.) Par contre, j'avais drôlement hâte d'essayer de manger un petit steak. J'étais un peu inquiète au début, car ceux qui ont subi une chirurgie de l'obésité croient souvent qu'ils ne peuvent plus manger de bœuf, mais je l'ai très bien digéré et j'étais ravie. En fait, les gens prennent souvent de trop grosses portions et sont surpris quand ça reste coincé. Personne ne songerait à faire avaler un steak d'aloyau à un bébé, n'est-ce pas ? Lorsque l'orifice de l'estomac est gros comme un pois, il faut manger *lentement*, surtout quand l'estomac est une plaie récente en voie de guérison.

On me demande toujours si j'ai eu envie de tricher les premiers mois qui ont suivi ma chirurgie. Je réponds que je n'avais qu'à penser à mon petit ami Rob et à ses mains partout sur mon corps « en voie de disparition » et, croyez-moi, c'était très efficace. Oui, je rêvais parfois à des gâteaux au chocolat et autres desserts du genre, mais je n'y touchais pas. En fait, ma plus grande motivation était de voir mon poids baisser. C'était absolument incroyable parce que, auparavant, ça me prenait un mois pour perdre deux kilos. Cette fois, le chiffre sur la balance n'arrêtait pas de diminuer et je ne reprenais pas le poids perdu. En plus, je me consacrais tout entière à ma guérison, parce que je ressentais encore un peu de douleur. Par contre, mon moral était au zénith et j'avais tellement hâte de voir Rob ! Quand j'ai eu perdu 14 kilos, j'ai pris une pose sexy et je me suis photographiée moi-même, mais je ne lui ai jamais envoyé cette photo-là. C'était seulement pour mon propre plaisir et la victoire résidait uniquement dans le fait de *prendre* la photo.

Revenons pour l'instant à la centrale d'amaigrissement : plus rien ne m'allait dans ma garde-robe. Toutes les deux semaines, je passais à la taille au-dessous. Le pantalon que j'avais porté la semaine d'avant me glissait des hanches. Eh oui, je faisais lentement mes adieux à *Miss Lane Bryant :* « Au revoir, chers vêtements, je vous regretterai, car vous m'avez bien vêtue à l'époque. »

Non, je ne me suis pas montrée en public flottant dans mes vêtements. Je me suis acheté des tenues bon marché chez JC Penney pour la durée de la transition. Pour 12,50 $ US, je dénichais un chemisier que je portais quelques fois, puis je le refilais à l'Armée du Salut. Pendant un certain temps, ma garde-robe a eu l'air d'une petite boutique, car on y trouvait des tailles allant de 28 à 18.

Arriva un jour où j'ai pu regarder un vêtement de taille 28 et dire en toute confiance : « Plus jamais ! »

Chapitre *deux*

Manges-tu *assez ?*

De novembre 1999 à janvier 2000

- ✪ *Poids au départ : 97 kilos*
- ✪ *Poids à l'arrivée : 82 kilos*
- ✪ *Tailles : de 20 à 14*

Juste avant l'Action de grâce, je soupais en compagnie de mon père et de ma belle-mère Melinda, quand quelque chose d'étrange s'est produit. J'étais en train de déguster un peu de homard lorsque mon père m'a regardée l'air très inquiet et qu'il a prononcé des mots que je n'oublierai jamais.

Il n'a pas dit « Je t'aime » (bien qu'il me le répète constamment) ni « Tu es resplendissante » (ce qu'il me dit souvent aussi). Il a dit quelque chose d'encore plus mémorable : « Carnie, penses-tu que tu manges assez ? »

J'avais plus d'une raison d'être ravie. D'une part, je n'avais pas exactement l'habitude qu'on me demande ce genre de chose. « Manges-tu assez » ? Ne s'agit-il pas des trois plus beaux mots de la langue française ? Cependant, ils ne font pas le poids par rapport à « Ça alors, tu commences à être vraiment mince ! » ou « Fais attention à ne pas *trop* maigrir. »

De l'avis de mes médecins, la capacité de mon estomac allait graduellement s'accroître jusqu'à pouvoir recevoir 250 millilitres ou 240 grammes de nourriture, soit entre le tiers et la moitié de ce qui peut entrer dans un estomac moyen. Et 240 grammes, c'est une quantité appréciable de nourriture !

Après plusieurs années de régime, j'étais devenue une sorte de nutritionniste amatrice, ce qui m'a aidée puisque j'allais *enfin* pouvoir mettre la théorie en pratique et apprendre à faire des choix santé. J'avais du mal à croire que je ne ressentais plus ce besoin maladif de fritures. Je ne pouvais bien sûr pas m'empêcher de regarder fixement les commerciaux de Duncan Hines à la télévision et de penser : « Oui, nous avons déjà été amants et nous le serons à nouveau dans l'avenir, mais nous ne pourrons plus nous voir tous les jours, comme avant. »

Ça allait vraiment bien sur les autres plans également. Rob et moi étions follement amoureux. J'avais enfin trouvé un homme prêt à rester avec moi bon an mal an. Il était tombé amoureux de moi alors que j'étais à mon poids maximum et ses sentiments n'avaient rien à voir avec ma taille. Rob m'a toujours aimée pour moi-même, peu importe le chiffre que marquait la balance. Au début, je n'arrivais pas à y croire mais, chaque fois que j'en doutais, il me répétait qu'il m'avait trouvée sexy dès le départ et n'arrêtait pas de me prouver qu'il était bel et bien là pour de bon. Il m'aimait *dans ma totalité*.

Bon, parlons maintenant de choses intéressantes… Au fur et à mesure que mon poids diminuait, mon appétit sexuel, lui, ne cessait d'augmenter. (Aurait-on libéré mes hormones en cours de chirurgie, par hasard ?) Je n'arrêtais pas de penser à quel point je me sentais sexy. J'avais envie d'acheter toute la lingerie du catalogue Victoria's Secret et de rendre Rob absolument fou de désir. Je voulais qu'il perde la tête en regardant mon nouveau corps et qu'il ne cesse d'y penser en mon absence. Je n'ai jamais cru qu'il y avait incompatibilité entre le sexe et un excès de poids mais, en vérité, je me sentais plus sexy et beaucoup plus désirable au fur et à mesure que je fondais. La première fois que Rob et moi avons fait l'amour durant cette période, j'ai eu le souffle coupé de voir la façon dont il me regardait. Plus tard ce soir-là, il m'a enlacée d'une manière que je ne suis pas près d'oublier. Cela n'avait pas tant à voir avec l'acte sexuel qu'avec l'impression que j'avais d'avoir quitté mon ancien corps et de m'être méta-morphosée en papillon. Je venais de prendre mon envol pour la première fois !

Je sais que je vous ai déjà raconté cette histoire dans *Gut Feelings*, mais je ne m'en lasse pas ; alors, la voici de nouveau. En novembre, Rob est venu me visiter et, un soir, nous sommes allés souper à mon restaurant préféré, The Ivy. La soirée était belle et l'atmosphère détendue, si ce n'était l'air quelque peu préoccupé de Rob, qui semblait peu intéressé par son plat de pâtes et homard. Quoi qu'il en soit, après le repas, je me suis éclipsée à la salle de bains pour rafraîchir mon maquillage et, à mon retour, Rob jouait avec un cordon qui dépassait de sa chemise. « Chérie, dit-il, pourrais-tu m'aider ? Cette chemise est vraiment étrange, tire sur le cordon qui dépasse, s'il te plaît. »

J'ai tiré, tiré — je vous jure que c'était difficile — et, au dernier coup sec, quelque chose a échoué dans mes mains : une magnifique bague à diamants. « Oh mon Dieu ! » me suis-je écriée.

« Je t'aime, ma chérie, dit-il, veux-tu m'épouser ? »

Je me suis empressée de dire oui et tout le monde autour de nous s'est mis à applaudir. C'était comme dans un film et ça reste à ce jour un des plus beaux moments de ma vie.

Un des pires événements de mon existence s'est produit quelques semaines plus tard à New York, lorsque j'ai accepté de passer au *Howard Stern Show*. Howard avait toujours laissé entendre qu'il était un de mes admirateurs et je savais qu'il était généralement gentil avec ceux qu'il aimait bien. Je croyais que ce serait une bonne interview, peut-être un peu difficile connaissant Howard, mais je m'étais préparée. J'avais apporté une photo de moi avant d'avoir perdu du poids pour lui montrer à quel point j'avais maigri. Rob était à mes côtés tout au long de l'interview, ce qui n'a malheureusement pas joué en sa faveur.

Dès que les caméras se sont posées sur nous, Howard a montré la photo en question et a demandé à Rob : « Vous étiez attiré par *ça* ? Vous avez fait l'amour à *ça* ? Êtes-vous malade ? »

J'étais estomaquée de voir à quel point Howard était vil et méchant, mais Rob a simplement répondu : « J'ai toujours été attiré par Carnie et je l'ai toujours aimée pour ses richesses intérieures. »

Après l'émission, je me suis dirigée en silence vers la sortie et j'ai pratiquement défoncé les portes tournantes. Une fois dehors, j'ai éclaté en sanglots et j'ai continué à pleurer jusqu'à ce que nous arrivions à la magnifique suite d'hôtel où nous logions. J'ai alors dit à Rob que j'avais besoin de faire une sieste pour me calmer et, lorsque j'ai rouvert les yeux, il se tenait devant moi, les bras chargés de roses. Mon chéri d'amour ! Howard pouvait bien aller se rhabiller : il n'avait *rien* compris.

Quand la période des fêtes est arrivée, la balance marquait déjà près de 45 kilos de moins. J'ai commencé à me demander : « Est-ce que c'est tricher que de manger de la tarte à la citrouille le jour de Noël ? Ou est-ce réellement une expérience religieuse dans tous les sens du mot ? Aussi, pourquoi le père Noël n'a-t-il pas suggéré à la mère Noël de commencer à surveiller son poids et de cesser d'aller au restaurant avec les lutins ? Je suppose que certaines questions resteront toujours sans réponse...

Rob et moi avons passé les vacances de Noël à Philadelphie et j'étais vraiment heureuse, comme en témoignent les photos prises cette année-là : j'avais un joli chandail rouge et mon plus beau sourire. Ce fut un Noël plutôt tranquille et j'ai mangé très sagement. Je commençais par des protéines et finissais le repas par quelques bouchées de dessert. Je ne me suis jamais sentie lésée de ne pas goûter à toutes les bonnes choses parce qu'en fait j'ai pris un peu de tout. Pourtant, j'étais tout aussi déterminée qu'avant à perdre du poids. C'est pourquoi je n'ai jamais cessé de faire de l'exercice, même si le mercure marquait environ −7 °C. Brrr ! Chaque matin, avant que Rob parte travailler, je m'extirpais de dessous l'édredon, j'embrassais mon homme, j'enfilais mes grosses bottes et j'allais marcher pendant 45 minutes. Je ne faisais pas de marche rapide, mais j'allais d'un pas vif, sans me laisser distraire, attentive à ne pas glisser sur la glace. Le froid me fouettait agréablement les sangs et, lorsque je pensais à mon avenir rempli de promesses avec Rob, je n'en marchais que plus vite et la tête un peu plus haute.

Je me suis dit que je devais être rendue à 45 kilos de moins. Comme Rob n'avait pas de balance, j'ai dû attendre mon retour à la maison pour me peser. Quelle n'a pas été ma surprise de constater que j'avais encore perdu trois kilos. Oui, j'avais *réellement* perdu 45 kilos. En d'autres termes, l'impensable s'était bel et bien produit. Il ne me restait plus qu'à pleurer debout dans mon garage, ce que j'ai fait !

Chapitre *trois*

Bonjour
dumping !

De février à mai 2000

- ⭐ *Poids au départ : 82 kilos*
- ⭐ *Poids à l'arrivée : 75 kilos*
- ⭐ *Tailles : de 14 à 12*

Cet hiver-là, j'ai fait régulièrement l'aller-retour entre la Californie et Philadelphie pour finir par m'installer dans cette ville afin d'être toujours avec Rob. Nos factures d'interurbains ont diminué, et nous avions le plaisir de prendre le petit-déjeuner ensemble. Or, il y a autre chose que nous partagions (pas une brosse à dents quand même : beurk !), je veux parler de ma balance médicale, que nous avions installée dans le sous-sol, où Rob fait de la musique. Je l'ai même surpris à se peser !

Maintenant que j'avais perdu 45 kilos, la balance refusait de bouger certains jours. Puis, le lendemain, elle indiquait un autre demi-kilo en moins. Pour garder le moral, je repensais à ce que mon chirurgien m'avait dit : « Si tu fais ce qu'on t'a dit, tu continueras à perdre du poids. Tu devrais réellement te peser tous les jours pour voir comment ton poids fluctue. » Cependant, mon amie Leslie m'avait conseillé de me peser seulement une fois par semaine. Personnellement, j'ai trouvé que, en me pesant tous les jours, c'était plus facile de rester honnête, et de ne pas dévier de ma trajectoire avec moi-même.

Je jubilais à l'idée d'avoir perdu 45 kilos et j'avais beaucoup d'énergie — la plupart du temps —, mais c'est à ce moment-là que j'ai commencé à être tentée par l'autosabotage. Un jour que je me promenais dans un centre commercial, j'ai pensé : « Hum, je me demande si je ne pourrais pas me permettre juste une petite bouchée d'un de ces bretzels à la cannelle ? Ça ne peut pas me faire grand tort. Je ne reprendrai certainement pas 45 kilos en un seul après-midi, à me promener entre deux grands magasins. » Puis, je me suis dit : « Non, mais ça ne va pas ! Ce sont des actes d'autosabotage stupides comme ceux-là qui sont précisément à l'origine de ton problème ! »

J'ai aussi constaté que c'est vrai ce qu'on entend au sujet des envies subites de nourriture : il suffit généralement d'attendre cinq à dix minutes (si on le peut) et elles disparaissent. Si seulement c'était la même chose pour le sexe… un peu de patience, nous y reviendrons dans un autre chapitre. Lorsque je sais que mon envie ne disparaîtra pas d'elle-même, je me permets un échantillon de yogourt glacé et c'est généralement suffisant (attention, un échantillon n'est pas l'équivalent d'une boule : c'est exactement égal à une bouchée).

Quoi qu'il en soit, un beau matin — c'était avant la Saint-Valentin —, je me suis pesée nue comme un ver et j'ai constaté que j'avais perdu 57 kilos. J'étais transportée de joie, au point que j'avais l'impression de m'envoler.

Ce soir-là, Rob et moi aurions pu nous faire un feu d'artifice ou appeler le poste de télé CNN pour annoncer la nouvelle, mais nous avons décidé de célébrer cette victoire (et la nouvelle chanson que Rob venait de composer) par un dîner aux chandelles, en écoutant Frank Sinatra. C'était super, je n'arrêtais pas de me dire : « Tu as perdu 57 kilos : c'est une première pour toi. Tu viens de perdre l'équivalent en poids d'une personne entière, te rends-tu compte ? » J'ai téléphoné à Leslie en pleurant. Elle aussi, elle a pleuré parce que c'était une étape déterminante pour moi.

Dans les semaines qui ont suivi, lorsque quelqu'un me demandait combien de poids j'avais perdu, je répondais nonchalamment : « Oh, 57 kilos. » J'en étais arrivée à débiter ces paroles tout aussi facilement que le refrain d'une chanson à succès. Un peu plus et j'aurais trouvé normal qu'on entende sortir des haut-parleurs de l'épicerie : « Attention, chers clients, Carnie Wilson, la fille qui se trouve actuellement dans le rayon des fruits et légumes, a perdu 57 kilos et ce n'est qu'un début ! »

Malgré mon succès, l'impensable est arrivé : ouais, j'ai recommencé à avoir envie de sucre. Or, j'étais mieux armée qu'avant pour y faire face ; alors, je m'arrangeais pour suçoter un Tootsie Pop chaque soir après le souper. Je ne pourrai jamais assez le répéter : il suffit généralement de *goûter* à quelque chose qu'on adore et c'est suffisant pour se satisfaire. Je sais que certaines personnes qui ont subi une chirurgie de l'obésité se lèvent encore en pleine nuit pour ouvrir la porte du frigo et commettre l'irréparable. Il va sans dire que ça me rend triste de penser qu'après avoir choisi une solution aussi draconienne elles sont encore aux prises avec leurs vieux démons. Je ne peux que sympathiser avec elles, car les anciennes habitudes sont certainement très difficiles à perdre.

Je me surveillais de près, mais ce n'était pas toujours facile. Qu'est-ce qui m'est passé par la tête le jour où j'ai cuisiné une belle tarte au beurre de cacahuètes ? Je pense honnêtement avoir fait ce dessert stupide pour me mettre à l'épreuve. Par miracle, je n'en ai avalé qu'une bouchée, mais ç'aurait pu me causer un tort bien plus grave : me faire douter de ma force de caractère. Nous ne sommes pas loin de l'autosabotage. Alors, je me suis empressée de me mettre un Tootsie Pop dans la bouche et je suis sortie de la cuisine en éteignant derrière moi. C'était la seule façon de m'en tirer indemne.

Ce qui m'a vraiment aidée, ç'est d'être amoureuse. J'avais un peu le mal du pays, d'accord, mais je me consacrais avec plaisir à la planification de notre mariage. Pendant ce temps du moins, j'ai été libérée du sentiment de ne pas être à la hauteur, tout habitée que j'étais par l'idée merveilleuse que j'allais commencer une nouvelle vie avec Rob. Notre vie ensemble était déjà très belle. Nous avions adopté un mode de vie tout à fait agréable : je m'occupais au rez-de-chaussée (en préparant, par exemple, un délicieux souper santé), pendant qu'il composait de la très belle musique au sous-sol.

Pourtant, un soir que nous recevions quelques amis à dîner, une partie de mon bel optimisme s'est envolée. J'avais préparé pour dessert du Jell-O avec des vrais fruits à l'intérieur, le tout recouvert de Cool Whip Lite. D'accord, ce n'est pas exactement gourmet, mais c'est léger et facile à faire et ça me semblait relativement santé, étant donné que c'est le même Jell-O sans sucre qu'on m'avait donné à l'hôpital après ma chirurgie. (Oui, j'y avais repris goût depuis.) Eh bien, j'ai connu ce soir-là mon premier *dumping* (syndrome qui se manifeste lorsque trop de sucre arrive dans le petit intestin), phénomène fréquent chez les personnes opérées pour l'obésité.

Voyez-vous, je n'avais aucune idée de la quantité de sucre présente dans le Cool Whip Lite (ce qui explique d'ailleurs pourquoi bon nombre de gens continuent à prendre du poids même s'ils mangent beaucoup de produits dits « légers »). Lorsqu'un aliment est réduit en gras, il est presque toujours plus riche en sucre, et inversement. Désolée d'avoir gâché votre journée avec cette mauvaise nouvelle. En tous les cas, je n'ai jamais rien ressenti d'aussi horrible que le *dumping*. Votre cœur bat à tout rompre, vous êtes en sueur, complètement congestionné et excessivement étourdi. Ça ressemble à une crise de panique, combinée à un épouvantable mal de ventre, le tout couronné par un horrible rhume. En somme, il n'y a pas un centimètre carré de votre anatomie qui ne soit ravagé par la souffrance. À part appeler votre médecin, la seule chose à faire est de donner des coups de poing sur votre lit, ce que j'ai fait.

J'ai donc présenté mes excuses à mes invités en disant que j'avais besoin d'aller m'allonger et je me suis précipitée à l'étage en essayant de camoufler mon air paniqué.

Rob m'a suivie, car il était réellement inquiet. Il est resté quelques minutes à me caresser les cheveux et les mains en répétant : « Du calme, du calme, tout va rentrer dans l'ordre. »

« Oui, mais nos invités ! » ai-je protesté, ce à quoi il a rétorqué : « Qu'est-ce que ça peut bien faire ? Reste allongée jusqu'à ce que ça passe. »

Et c'est exactement ce que j'ai fait. Rob s'est occupé de moi jusqu'à ce que le *dumping* soit terminé. Quel ange — mon ange du *dumping* !

J'ai connu un autre épisode de *dumping* d'envergure internationale ! J'ai mangé du yogourt Carbolite avec pépites de caroube alors que j'étais en visite à Los Angeles et le miel contenu dans ces pépites m'a rendue tellement malade que j'ai voulu mourir. J'ai pensé devoir me rendre à l'urgence, mais mon amie Katrina, qui m'accompagnait à ce moment-là, m'a simplement frotté les pieds, épongé le front avec une serviette froide et aidée à prier pour que ça passe. Ce jour-là, j'ai eu ma leçon. J'ai appris que, si je mangeais quelque chose de vraiment sucré ou riche en gras, je ne pouvais en prendre que quelques bouchées. Comme si je n'étais pas encore assez convaincue, un soir que Rob et moi étions allés écouter du jazz, j'ai avalé quelques bouchées de gâteau au fromage pour voir ce que ça ferait et je ne me suis pas sentie bien. Ce n'était pas exactement du *dumping*, mais j'étais très fatiguée, ce qui est un signe précurseur. (Et les bouchées n'étaient même pas grosses !)

Puisqu'on parle de musique, disons que le travail m'a donné du fil à retordre à cette époque-là. Al a fini par ne plus avoir d'engagements à offrir à notre groupe, en raison de poursuites mettant en cause la légitimité de l'appellation « The Beach

Boys ». Par le passé, j'aurais réagi en me jetant sur une boîte de See's Candies, mais ce n'était tout simplement plus possible. Il me fallait trouver un nouveau moyen de faire face à ce genre de désagrément sans m'empiffrer. Je me suis aperçue que j'arrivais à me sentir mieux si je faisais une très longue marche, si j'appelais une amie ou, bien entendu, si j'en discutais avec Rob. Je ne dis pas que je n'ai pas cédé à la tentation de manger quelques noix de trop ou un morceau de fromage supplémentaire lorsque j'ai raccroché après avoir entendu ces affreuses nouvelles concernant mon boulot, mais j'ai essayé de me contrôler en me disant « Non, arrête ça tout de suite. » Parfois, je recrachais ce que j'avais dans la bouche : « Tu n'en as pas réellement envie. C'est une vieille habitude : tu n'as qu'à t'en défaire ! » me disais-je.

J'étais estomaquée de voir à quel point j'avais de la volonté. C'est à ce moment-là que j'ai pris l'habitude de remercier Dieu chaque jour pour mon nouveau corps *et* mon nouvel état d'esprit.

À cette époque, je poursuivais mon travail avec **SpotlightHealth.com**, une société qui m'a entièrement soutenue lors de ma chirurgie et qui m'a demandé d'afficher mes progrès au fur et à mesure sur leur site afin d'aider d'autres personnes. J'ai été critiquée pour avoir fait autant de révélations sur ma vie privée, mais vous savez quoi ? Les cyniques qui m'ont jugée n'étaient pas à mes côtés lorsque, pendant tout l'hiver et le printemps, j'ai reçu des demandes d'aide urgentes relatant des histoires qui ont plus d'une fois fait couler mon mascara.

Un jour, par exemple, j'étais en ligne avec Brenda et Kristy, une mère et sa fille qui sont toutes deux passées au bistouri le même jour pour une chirurgie de l'obésité. Imaginez un peu à quel point cette famille devait être stressée. À elles deux, elles pesaient près de 315 kilos : Brenda en pesait 163 et Kristy, sa fille, 150. Essayez d'imaginer leur souffrance, leur honte et leurs problèmes de santé. Moi, je peux imaginer tout cela parce que je l'ai vécu. Le fait d'être aussi directe et ouverte avec les gens a permis à des personnes comme Brenda et Kristy de s'identifier à quelqu'un qui avait vécu la même chose qu'elles.

J'ai décidé de les inviter à un spectacle que je donnais dans leur ville natale de Fresno, en Californie. C'était deux ans après leur chirurgie et elles avaient perdu plus de la moitié de leur poids original. Lorsque nous nous sommes rencontrées, nous avions l'air de trois survivantes qui s'accrochaient l'une à l'autre comme si leur vie en dépendait. Dans l'autobus qui nous faisait faire le tour de la ville, on aurait dit des écolières : on comparait les différentes parties de notre anatomie en s'émerveillant de voir à quel point notre peau avait changé. Brenda et Kristy avaient toutes les deux de l'énergie à revendre et un moral à toute épreuve. Avant elles, je n'avais pas eu de contact personnel avec qui que ce soit ayant subi une chirurgie de l'obésité, et je les admirais vraiment.

Au fur et à mesure que je perdais du poids, je commençais à deviner que le relâchement de la peau me guettait. J'ai vite aperçu de la peau qui pendait inutilement de mon ventre et de mes bras et j'en ai été extrêmement attristée. Je regardais cette peau osciller sous mes doigts comme une voile de bateau et je me demandais : « Aurai-je jamais le corps que je veux ? Serai-je un jour satisfaite ou resterai-je éternellement hantée par ma graisse ? »

Chapitre *quatre*

Qui
suis-je ?

De juin à août 2000

- ✪   *Poids au départ : 75 kilos*
- ✪   *Poids à l'arrivée : 70 kilos*
- ✪   *Tailles : de 12 à 10*

*B*ye-bye la graisse ! Bonjour la notoriété ! Après que j'eus perdu près de 68 kilos, les médias ont décidé que la nouvelle Carnie pouvait peut-être faire vendre davantage de magazines et augmenter les cotes d'écoute. J'ai affiché mon plus beau sourire de cover-girl et je suis retournée devant les photographes. La presse pensait, bien entendu, que je m'étais entichée de mon nouveau corps et que je nageais continuellement dans l'euphorie ou, à tout le moins, que je passais mon temps nue à m'admirer dans le miroir de la salle de bains. Au risque de décevoir les journalistes, j'avoue qu'à cette époque je n'aimais toujours pas mes cuisses. Je n'hésitais pas à recourir aux railleries du genre « Quel miracle : il y a réellement de l'espace entre les deux. »

J'ai été vite invitée à *The View, Entertainment Tonight, Extra, Leeza* et au réseau CNN. J'ai décidé de donner une autre chance à Howard Stern qui, cette fois, a été très charmant avec moi. Lorsque je lui ai dit avoir perdu 68 kilos, il a répondu : « Tu sais, Carnie, tu as besoin de perdre encore 20 kilos, mais tu es déjà très belle. » Pendant la pause commerciale, il m'a attrapée par le bras, m'a donné l'accolade et m'a dit : « Je suis très fier de toi, tu es magnifique et tout à fait baisable. » *Pardon ?*

J'ai aussi fait les pages couverture des magazines *People, Us Weekly* et *Woman's World*, pour lesquels j'ai affiché mon plus beau sourire, sachant que plus de dix millions de personnes pourraient constater que j'avais effectivement une taille. J'avais offert mes hanches au regard du public et j'ai récolté des commentaires à la fois agréables et dérangeants. Certaines personnes ont écrit pour dire que j'étais une fille riche qui avait choisi une solution facile en optant pour la chirurgie de l'obésité. J'avais envie de leur crier que j'étais au régime depuis des mois, que je refusais tous les desserts, que je buvais deux litres d'eau par jour, que je faisais de l'exercice cinq fois par semaine… un tas de trucs qui n'ont rien à voir avec la facilité, mais tout à voir avec le travail ! On ne parle pas de faire attention pendant une semaine, puis de tout envoyer promener comme je l'avais fait des millions de fois déjà. J'étais très fière de ce que j'avais accompli. Ah oui, j'aimerais dire à tous ceux qui ont affirmé que je pouvais m'offrir une telle opération parce que j'étais riche que c'est mon assurance-maladie qui a payé et qu'à l'époque j'étais près de la faillite.

J'ai même été invitée à l'émission d'Oprah, ce qui n'était pas rien vu que cette dernière est plutôt contre ce genre de chirurgie. Je l'ai trouvée assez courageuse de m'écouter avec autant de respect parce que je sais que c'est un point sensible qui la touche, elle aussi, de près.

Vous m'avez peut-être vu sourire un peu partout dans les médias, mais je n'étais pas toujours aussi heureuse que j'en avais l'air, même si j'avais beaucoup maigri. J'avais toujours cru que mon excès de poids était le véritable obstacle à mon bonheur — perdez votre graisse et trouvez le bonheur ! Malheureusement, ça n'était pas exactement ça. Je n'ai jamais pensé qu'après avoir perdu la moitié de moi-même j'allais connaître une joie extatique chaque seconde de ma vie mais, à mesure que je me rapprochais de mon but, je m'inquiétais de plus en plus de mon nouvel état d'esprit.

Les médias venaient de me créer un double. Ils me présentaient comme « la nouvelle Carnie Wilson ». Désolée, mais qu'était-il donc arrivé à *l'ancienne* Carnie Wilson ? J'ai commencé à me demander : « *Qui ça peut bien être, cette nouvelle fille ?* »

La nuit, je restais allongée les yeux grand ouverts et Rob, s'apercevant que je ne dormais pas, me demandait : « Qu'est-ce qui ne va pas ? »

Et je répondais en chuchotant : « Je ne sais pas. Je ne me sens pas bien. Je suis vraiment contente d'avoir perdu tout ce poids, mais j'ai peur aussi. J'ai comme envie de pleurer parce que je ne sais plus exactement qui je suis. Qu'est-ce que je vais faire une fois que je n'aurai *plus un seul* kilo à perdre ? Quel sera mon objectif dans la vie ? Qu'est-ce qui me restera ? »

Et Rob de répondre : « Chérie, tu devras t'habituer à ton nouveau corps et à ton nouveau moi. Je te promets que ça ira de mieux en mieux. N'oublie pas que je suis là pour rester. »

Ce qu'il a dit m'a profondément touchée, car j'ai tendance à avoir peur de l'abandon. Je n'arrivais pas à croire qu'il soit si doux et si patient avec moi. Il m'a vraiment aidée à passer au travers… mais, lorsqu'il n'était pas là, c'était plus difficile.

Je me souviens le jour où quelqu'un m'a catégoriquement affirmé que je n'étais pas moi. C'était au cours d'un voyage d'affaires à New York, alors que je me promenais dans la rue pour essayer de me détendre avant de prononcer une allocution sur le by-pass gastrique devant une salle remplie de gens cherchant désespérément une solution à leur problème (et en présence de quelques spécialistes de la santé). Un élégant jeune homme s'est approché de moi et, comme il ne semblait pas avoir de dossier criminel, je me suis arrêtée et lui ai souri.

« J'ai l'impression de vous avoir déjà vue quelque part, mais je n'arrive pas à me rappeler qui vous êtes », a-t-il dit de sa voix la plus douce. Et moi de répliquer :

« Ça m'arrive régulièrement. » J'étais fière parce que ça voulait dire que toute la publicité que j'avais faite sur l'obésité morbide avait porté fruit et qu'on arrivait encore à reconnaître mon visage, même s'il n'avait plus grand-chose à voir avec le ballon qu'il était.

J'ai attendu une minute pour lui permettre de me reconnaître mais, après ce qui m'a paru une éternité, il ne savait toujours pas si j'étais Carnie Wilson ou Jackie Wilson. Alors, je suis venue à sa rescousse.

« Je suis Carnie Wilson », ai-je dit.

« *C'est pas vrai* », a-t-il répondu sur un ton catégorique, à mille lieues d'un « C'est pas vrai ! » qui aurait marqué l'étonnement. Non seulement ne me croyait-il pas, mais aussi son ton était-il presque accusatoire, du genre : « Non, c'est carrément impossible ; cessez donc de mentir ! »

J'ai alors répété, en insistant : « Mais c'est vraiment *moi*, Carnie. »

Il m'a fixée droit dans les yeux et m'a dit : « Carnie Wilson ? La chanteuse ? Celle qui fait de la télé ? »

J'ai acquiescé patiemment car, de toute évidence, il ne m'avait pas bien regardée la première fois et ne s'était pas attendu à voir un visage aux pommettes saillantes. J'ai souri en attendant qu'il s'excuse ou qu'il manifeste de l'embarras en s'apercevant de sa grave méprise.

Il m'a alors détaillée de haut en bas, beaucoup plus lentement cette fois, et il a fermé les yeux un instant avant de conclure en secouant la tête : « Non, ce n'est *manifestement* pas vous. »

C'est à cet instant que j'ai pensé lui demander gentiment s'il voulait voir mon permis de conduire, de manière à lui prouver que c'était bien moi.

« Certainement », m'a-t-il répondu avec assurance. Stupéfait, il m'a dit : « Je n'en reviens pas : vous avez tellement changé ! »

« Comme vous pouvez le voir, c'est moi, Carnie. Enchantée ! » ai-je répliqué.

« Ce ne serait pas une fausse pièce d'identité, par hasard ? » m'a-t-il lancé en plissant les yeux.

Ma chirurgie m'avait donné une toute nouvelle identité et il n'y avait rien de faux là-dedans. Je suis encore une véritable personne… vous ne pensez pas ?

Marc, mon thérapeute, m'a expliqué que c'était un peu comme si mon ancien moi était mort et que j'en faisais le deuil. Je savais toutefois qu'il y avait plus que ça. Je devenais une nouvelle personne et je ne savais plus comment je me sentais dans ma peau. De quel moi voulait-il parler : l'ancien ou le nouveau ?

Ma crise d'identité a atteint son paroxysme lorsque Spotlight Health m'a demandé de donner des conférences sur ma perte de poids afin d'aider des professionnels qui travaillaient dans le domaine ainsi que des gens qui avaient un urgent besoin de sauver leur peau. Un jour, à Philadelphie, je me suis donc retrouvée devant une galerie de représentants pharmaceutiques tous plus sérieux les uns que les autres. On ne pouvait rien lire sur leur visage. J'étais étrangement nerveuse lorsque je me suis avancée sur la scène et que je les ai aperçus, mais je n'avais pas le temps de m'attarder aux papillons qui volaient dans ce qui restait de mon estomac. C'est alors que Richard Hull, président et chef de la direction de Spotlight Health, m'a présentée en ces termes : « Voici maintenant un de nos plus beaux exemples de réussite… Carnie Wilson ! »

Je connaissais bien la routine, qui commençait par le visionnement d'une cassette vidéo me montrant telle que j'étais juste avant ma chirurgie. On y voyait mes parents et ma soeur Wendy et, comme chaque fois, j'ai senti l'émotion m'envahir. Ma mère pleurait et ma soeur disait, en regardant la caméra : « Je voulais que ma soeur se fasse opérer pour qu'elle vive plus longtemps. » Le plus dur, c'est quand mon père apparaît à l'écran. Il est assis au piano et il chante *Don't worry Carnie, everything will turn out all right*, une version personnalisée, rien que pour moi, du succès des Beach Boys *Don't Worry Baby*. Dans le genre mélo, on ne fait pas mieux, et j'ai failli perdre mon aplomb.

Ce jour-là, je me suis rendu compte que la fille de 136 kilos qu'on voyait à l'écran, c'était comme si je l'avais connue 100 ans auparavant et que je n'arrivais plus à m'identifier à elle. Je ne pouvais même pas la comprendre. On pourrait penser que c'était la preuve que j'avais fait beaucoup de chemin depuis, mais ce n'était pas ça. Je sentais que cette fille-là, bien qu'à mille lieues de ce que j'étais devenue, faisait encore partie de moi. J'avais peur pour elle. Je voyais que personne ne pouvait même distinguer son visage à travers toute cette graisse. Je ne me souvenais même pas d'avoir été aussi grosse.

J'ai dû vite me ressaisir car les projecteurs étaient braqués sur moi. La fille mince en moi éprouvait un sentiment nouveau en s'avançant sur la scène, car c'était la première fois de sa vie qu'elle se sentait aussi vulnérable. Toute cette graisse avait disparu et, pendant une fraction de seconde, je me suis dit que *je n'étais pas de taille à affronter ces gens-là*. Puis j'ai balayé tout ça du revers de la main, j'ai empoigné le micro et j'ai dit : « Bonjour, je suis Carnie Wilson. » Cela m'a semblé convaincre tout le monde, y compris moi-même. Oui, je suis et serai toujours Carnie Wilson, qu'on se le dise une fois pour toutes !

Plus tard, j'en suis arrivée à me demander : « Aurais-je par hasard un problème plus grave encore ? Aurais-je du mal à accepter le changement ? » J'avais tellement l'habitude d'échouer lorsque je suivais des régimes amaigrissants que ça ne me faisait plus rien. Je n'avais pas peur de l'échec… car je n'avais jamais vraiment cru pouvoir réussir. Depuis ma chirurgie cependant, c'était différent. Je savais que, cette fois, j'allais y arriver. (J'encourage tout le monde à adopter cette attitude.)

Peut-être étais-je en train de commencer à avoir peur du succès, ce qui est presque plus difficile à combattre que la peur de l'échec. Ça me rappelle le vieil adage « Fais attention à ce que tu désires, car tu pourrais bien l'obtenir. » Ce à quoi j'ajouterais : « Tu pourrais obtenir ce que tu désires et te retrouver encore plus dans la merde. »

Lorsque nous connaissons le succès, il arrive souvent que nous ayons peur de perdre ce que nous avons obtenu au prix de tant d'efforts ou que nous croyions ne pas l'avoir mérité. C'est pourquoi nous sommes nombreux à saboter consciemment le succès — nous n'arrivons pas à croire que nous le méritons. Nous avons parfois du mal à nous sentir bien et en paix avec nous-mêmes, car on ne nous a pas enseigné à nous sentir forts, valorisés et dignes de réussir. Le bonheur *parfait* ? Pensez-y ! La plupart d'entre nous seraient incapables de le reconnaître, même en l'ayant sous le nez.

Ça faisait 30 ans que je voulais être mince et j'y étais presque. Je me demandais ce qui allait m'arriver lorsque j'atteindrais la terre promise qui, dans mon cas, était l'équivalent de pouvoir enfiler un vêtement de taille 6 (faute de savoir combien je devrais peser pour y parvenir). Est-ce que je resterai là, debout, à pleurer de joie ? Ou, regardant mon visage aminci dans le miroir, est-ce que je me demanderai : « Bon, je passe à quoi maintenant ? » (Si j'étais vous, je miserais sur la deuxième réaction.)

Mes peurs se sont estompées (du moins temporairement) le 23 juin 2000, jour de mon mariage avec Rob à l'Hôtel Bel-Air de Los Angeles. J'étais profondément touchée de marcher vers l'autel au bras de mon père et d'avoir ma sœur Wendy comme fille d'honneur. Quant à ma robe, elle laissait voir mes épaules, était bouffante dans le bas et comportait une longue traîne ornée de dentelle ancienne. C'était une taille 16, ce qui me contrariait au plus haut point, même si la vendeuse m'assurait que c'était en fait l'équivalent d'une taille 12. Qu'ont-ils donc à confectionner des robes qui habillent si petit ? Je ne comprends pas cette façon de faire. Si on m'avait dit : « Mademoiselle Wilson, je suis désolée, mais nos robes habillent tellement grand que vous allez devoir porter une taille 8 pour votre mariage, dans la mesure où vous n'y voyez pas d'inconvénient, bien sûr », eh bien, ç'aurait été le plus beau jour de ma vie !

Peu importe, car ça a *vraiment* été le plus beau jour de ma vie. Après tout, j'étais en train d'épouser mon âme sœur et je pesais 60 kilos de moins. En fait, quelques jours avant mon mariage, je me suis aperçue que ma robe était trop grande. Ç'aurait été tellement long de la modifier que j'ai décidé d'en choisir une autre : un modèle simple, pas cher, en satin mat, avec des manches en dentelle et une encolure dégagée. Je ne voulais plus rien de bouffant non plus. (Je l'avais moi-même été assez longtemps, merci !) Mes cheveux étaient relevés en un chignon de style espagnol piqué de gardénias. Le mot d'ordre ? Simplicité et élégance.

Quand on pense que j'ai passé ma vie à monter sur scène, il était surprenant de voir à quel point j'étais nerveuse en traversant le luxueux jardin de l'hôtel. J'aurais épousé Rob n'importe où, mais j'étais doublement contente de marcher au bras de mon père parmi les 220 invités venus célébrer ce jour avec nous. Mon chirurgien, le docteur Alan Wittgrove, a même pris un vol de nuit pour assister à la cérémonie.

Lorsque, devant l'hôtel, Rob m'a regardée les yeux dans l'eau, j'ai craqué et j'en ai complètement oublié mon maquillage. Tout le monde autour pleurait également et ça a continué jusqu'à la fin de la danse avec mon père.

Pour cette danse, j'avais choisi *Be My Baby* des Ronettes, la chanson préférée de mon père. Il n'a pu qu'approuver, bien sûr, et mes larmes ont redoublé. Puis, papa m'a prise dans ses bras et m'a dit : « Ah, je t'aime, Carnie, je t'en prie ne pleure pas. » Pourtant, je n'étais pas triste. C'étaient plutôt des larmes de joie car, après toutes ces années, mon père et moi nous retrouvions exactement au bon endroit : en train de danser dans les bras l'un de l'autre.

Après le mariage, Rob et moi sommes retournés à Philadelphie. Il m'arrivait encore d'avoir le mal du pays, mais ça ne m'empêchait pas de continuer à perdre du poids. Al Jardine était toujours aux prises avec les poursuites et je ne travaillais pas régulièrement. Ça me rendait plutôt nerveuse, car je suis du genre à toujours vouloir aller de l'avant. J'ai malgré tout trouvé la sagesse nécessaire pour rester tranquillement chez moi quelques mois et goûter à ma nouvelle vie de femme mariée.

Nous avons fait un magnifique voyage de noces en Italie. Nous avons passé 16 jours à célébrer l'impressionnante beauté d'un des plus magnifiques pays du monde. Seule ombre au tableau : le vol vers l'Italie m'a tellement constipée (phénomène fréquent chez les personnes ayant subi une chirurgie de l'obésité qui ne boivent pas assez d'eau) que j'avais l'impression d'avoir une brique dans le derrière. J'ai dû appeler Leslie d'urgence pour lui demander quoi faire en pareil cas et elle m'a conseillé de prendre du lait de magnésie. Croyez-moi, j'ai eu un « tas » de problèmes à dénicher ça en Italie. Je me vois encore demander : « Milko ? Magnésio ? Aller à la toilett-o ? »

Bien sûr que j'ai goûté au pain et aux pâtes, en Italie. Ça faisait partie des plaisirs du voyage. Qui s'en serait passé ? Par contre, j'ai surveillé mes portions, et mon mari et moi avons compensé en marchant le plus possible. J'ai perdu près de trois kilos, alors que Rob en a pris trois et demi ! Pour la première fois, *je* lui ai dit : « Chéri, tu n'as pas du tout l'air d'avoir grossi, même pas de 500 grammes. »

Une fois de retour à Philadelphie, Rob a tout perdu en faisant de l'exercice. Rob et moi avions pris l'habitude de nous entraîner ensemble, car ça nous permettait de passer un bon moment de la journée en compagnie l'un de l'autre. Nous étions loin d'escalader des montagnes, mais rien n'empêche qu'en combinant exercices et régime amaigrissant j'étais maintenant rendue à 70 kilos.

Chapitre *cinq*

C'est *toujours moi !*

De septembre à décembre 2000

⭐   *Poids au départ : 69 kilos*
⭐   *Poids à l'arrivée : 67 kilos*
⭐   *Tailles : de 8 à 6*

Je dois dire une chose : depuis que j'avais perdu du poids, plus personne ne savait comment m'aborder et c'était vraiment perturbant. Les gens étaient tellement obsédés par ma transformation physique que je me demande s'ils s'apercevaient que j'avais encore le même cœur et le même esprit.

Quand je n'en pouvais plus de vivre cela, Rob m'aidait à prendre du recul. Il me prenait doucement la main en me disant : « Chérie, ne retourne pas trop les choses dans ta tête. Contente-toi de vivre le moment présent. Tu es en sécurité. Tu es là. Je suis là. Reste calme. »

Vous ai-je dit que mon mari est l'un des êtres les plus sages sur la planète ?

C'était pas mal perturbant quand quelqu'un me criait d'un bout à l'autre du gymnase, du magasin, du restaurant ou de la cabine de toilette : « Ça alors ! Je ne vous aurais jamais reconnue ! Vous paraissez tellement bien ! » Notez que j'ai dit « perturbant » et non « offensant ». J'avoue que ç'était très plaisant à entendre. Ce qui me bouleversait, par contre, c'est quand on me criait (je ne sais pas pourquoi, mais voir quelqu'un qui a perdu du poids incite à s'époumoner) « Ça vous change complètement ! » Je pouvais comprendre cette réaction jusqu'à un certain point, mais c'était très mêlant pour moi. C'était comme si les gens avaient dit « Tu n'es pas toi. Tu n'es plus celle que tu étais. »

Il arrivait aussi quelquefois qu'on me renvoie la balle. La mère de mon amie Robin, une femme merveilleuse du nom de Marty, avait perdu 65 kilos en un an après avoir subi une chirurgie de l'obésité (encouragée par Robin, qui avait perdu plus de 64 kilos après la même opération). Plus tard, son mari a suivi leur exemple et a réussi à perdre 40 kilos en trois mois. Nous en sommes tous venus à fréquenter le même groupe de soutien et, un jour, nous sommes allés manger du sushi avant l'une de nos rencontres. Je me compte très chanceuse d'avoir trouvé près de chez moi un groupe de soutien pour les personnes ayant subi une chirurgie de l'obésité, car nous changeons tous très rapidement, et il est bon de trouver soutien et réconfort dans le partage de nos expériences. Nous formons un groupe depuis plus de deux ans maintenant.

Quoi qu'il en soit, lorsque j'ai aperçu Marty, que je n'avais pas vue depuis un bon moment, je suis restée abasourdie : elle avait l'air d'avoir 30 ans ! Et je n'ai pu m'empêcher de m'extasier, d'une voix plus forte que d'habitude : « Dieu du ciel, Marty, ça te change complètement ! »

J'ai bien vu qu'elle était un peu mal à l'aise et je me suis vite sentie extrêmement mal. Une pensée m'a traversé l'esprit à la vitesse de l'éclair : « Maintenant, je sais comment on se sent dans l'autre camp. »

Alors, j'ai essayé de me reprendre en disant : « Oh, Marty, tu es absolument resplendissante ! »

Cette fois, son visage s'est immédiatement détendu et elle m'a offert son plus chaleureux sourire. En me serrant dans ses bras, elle m'a chuchoté à l'oreille : « Tu es tellement belle, toi aussi ! Sans toi, je n'aurais jamais connu ça. »

J'étais ravie, quoique déconcertée à l'idée que j'étais en train de devenir un modèle pour ceux qui désirent perdre du poids. Moi ! Ahurissant, non ?

En attendant, j'étais aux prises avec une crise d'identité et la peur du succès. Il me fallait à tout prix trouver de l'aide. Je me tournai d'abord vers Leslie, en me disant qu'elle était passée par là, qu'elle avait, elle aussi, perdu la moitié d'elle-même et qu'elle saurait sûrement me remettre sur la bonne voie.

« Pour commencer, dit-elle, il faut que tu saches que tu es encore toi-même là où ça compte le plus. Tu dois simplement trouver une façon de composer avec ton enveloppe corporelle et ça va prendre du temps. Il t'a fallu plus de six mois pour te rendre à 136 kilos ; alors, tu mettras un certain temps à t'habituer à ton nouveau corps. Pour commencer, sois fière de ce que tu as accompli au prix de tant d'efforts. »

Qu'en est-il de ma peur du succès ? C'est ici qu'est intervenu Marc, mon thérapeute : « Carnie, c'est ce qu'on appelle le réflexe de déblocage. Lorsqu'on souffre et que les choses finissent par s'arranger, on devient souvent déprimé. La même chose peut se produire lorsqu'on vient d'accomplir un exploit. On peut même en tomber malade. »

Je lui ai confié avoir l'impression d'être un peu déprimée.

« C'est tout à fait normal, m'a-t-il expliqué. Tu vois, beaucoup d'anxiété et d'énergie sont mis en circulation lorsqu'on poursuit un objectif. Une fois le but atteint, ces émotions se transforment facilement en dépression. On peut même être triste à l'idée de ne plus avoir à faire ce qu'on faisait pour atteindre notre objectif. C'est une sorte de deuil. »

Je suppose que ça ressemble à un lendemain de Noël. Je me rappelle avoir été triste après une longue tournée de Wilson Phillips. Quoi qu'il en soit, une affreuse question a recommencé à me hanter : « Eh bien, qu'est-ce que je fais maintenant ? »

En entrevue, je me disais chanceuse d'avoir mon nouveau corps et je parlais de ce qui se passait d'autre à l'intérieur de moi. J'étais encore plus nerveuse lorsque je devais parler des émotions qui m'habitaient à présent. Voyez-vous, je savais comment être une grosse fille qui camouflait sa douleur sous un épais rembourrage mais, maintenant que j'étais plus mince, j'avais l'impression d'être exposée au regard du monde entier.

« Je ne me sens plus comme avant, ai-je dit à Leslie en pleurant, et ça me donne la trouille. Alors, qui suis-je maintenant ? »

Elle m'a rappelé que la graisse qui m'avait protégée toutes ces années ne venait pas uniquement de mon amour pour la nourriture, que cela émanait de quelque chose de beaucoup plus profond : ma peur d'être exposée au regard de tous.

« On dirait maintenant que chaque kilo perdu me rapproche du noyau de la personne que je suis, sauf que je ne sais même pas si je la connais, elle », lui dis-je.

Un jour, j'ai commencé à me douter que j'avais encore sensiblement les mêmes problèmes qu'avant ma chirurgie. Mon enfance était toujours aussi imparfaite qu'avant. J'avais encore des problèmes d'image corporelle. Il m'arrivait d'être triste, inquiète, jalouse, et la liste était longue… Simplement, je ne pouvais plus compter sur deux hamburgers, sauce spéciale, laitue et fromage pour tout arranger. Je n'avais pas besoin qu'un thérapeute me dise que la solution se trouvait ailleurs que dans la nourriture.

C'est alors que Leslie m'a dit : « Tu dois te tourner vers l'intérieur de toi et te pencher sérieusement sur ton passé. »

Merde alors ! Mon passé ? C'était encore plus angoissant que de passer au bistouri.

À ma grande déception, je me suis aperçue que ce qui me rendait triste avant de perdre du poids m'attristait encore tout autant.

Pouvez-vous bien me dire qui a arraché le chapitre sur la déception dans le guide de l'amaigrissement ? C'est pourtant à ce moment-là que je me suis enfin rendu compte que je ne pouvais revenir sans cesse sur le passé.

★

Pendant un certain temps, le passé a été relégué aux oubliettes et je me suis concentrée sur le présent. En effet, Rob et moi avions décidé de déménager à Los Angeles et il m'appartenait d'y trouver une maison. Malheureusement, je ne supportais pas très bien les voyages en avion. La déshydratation, combinée à la constipation, me faisait la vie dure. (Je vous épargne la description de mes allers-retours aux microtoilettes de l'avion, où le gars qui venait de sortir avait éclaboussé non seulement le siège, mais aussi les murs, le plancher et le lavabo.)

Une fois à Los Angeles, j'ai été ravie de me retrouver près de ma mère, de ma sœur et de mes plus proches amis. Nous étions encore jeunes mariés à cette époque et je me souviens que tout était neuf et excitant, aussi bien mes délicieux plats cuisinés au poulet que ma lingerie fine, et je me disais ceci : « Un an plus tôt, il aurait fallu que ces fines bretelles spaghetti soient faites de cuir ultrarésistant pour supporter tout ce qu'il y avait dessous. »

Nous avions une vie passionnante et excitante. Le plaisir était au rendez-vous aussi bien le jour que la nuit. Nous faisions du patin à roues alignées ou encore de longues promenades et étions toujours ravis de finir la journée au restaurant. Parfois, Rob regardait mon plat de poulet et de pommes de terre mousseline et ne pouvait s'empêcher de dire : « Es-tu certaine que tu peux te permettre de manger ça ? »

Ce à quoi je répondais calmement : « Chéri, j'ai déjà perdu plus de 65 kilos : je crois *savoir* ce que je peux me permettre. »

Lorsque nous commandions un dessert, je savais que je ne pourrais manger qu'une seule bouchée de la tarte aux pommes… peut-être deux. Au moment où le serveur déposait cette masse bouillonnante et onctueuse devant nos yeux et que je prenais ma fourchette, Rob ne pouvait s'empêcher de blaguer : « Attention chérie, tu risques de faire du *dumping.* »

Il avait parfois raison, parfois tort. En général, je connaissais mes limites, mais il m'est arrivé à l'occasion de l'appeler depuis la chambre en gémissant : « Chéri, je fais du *dumping.* »

Et lui, de répondre : « Tu vois, je t'avais prévenue, mon amour. » (Mon ange du *dumping* venait de marquer deux points.)

Chapitre *six*

C'est un peu *grand,* *Mademoiselle...*

De janvier à avril 2001

★   *Poids au départ : 67 kilos*
      (début de la phase de maintien)
★   *Poids à l'arrivée : fluctue entre 67 et 69 kilos*
★   *Tailles : de 8 à 6*

Après les fêtes, alors que je courais les soldes dans les magasins pour Rob (hum...), j'ai décidé d'aller chez Gap essayer un jean en denim extensible de style *boot-cut*.

Maintenant que j'avais perdu tout ce poids, je ne savais plus exactement quelle taille il me fallait. J'ai donc choisi un jean de taille 10 et je me suis mentalement préparée à une épreuve de force pour réussir à l'enfiler. J'espérais seulement ne pas me briser un ongle ou sentir la sueur perler sur ma lèvre supérieure, comme à l'époque. Cependant, une belle surprise m'attendait au détour :

j'ai enfilé le jean sans avoir à rentrer le ventre du tout et je ne me suis même pas battue avec la fermeture éclair — en fait, j'ai trouvé très agréable le léger bruit qu'elle a fait lorsque je l'ai remontée sans le moindre effort. Je n'en croyais pas mes yeux : le jean était trop grand !

Chez Gap, les cabines d'essayage ne sont pas exactement spacieuses, mais j'y ai quand même exécuté une sorte de danse jubilatoire. Peu importe le manque de place, cette cabine était devenue la scène du Carnegie Hall et j'y ai dansé tout mon soûl.

« Puis-je vous aider ? » m'a demandé la gentille vendeuse de Gap. Je n'en ai pas cru mes oreilles quand je me suis entendue dire : « Celui-là est un peu grand, pourriez-vous m'apporter un 8 ans, s'il vous plaît. » Quand je l'ai essayé, figurez-vous qu'il y avait encore un peu de place. À ce moment-là, la vendeuse a commencé à comprendre ce qui se passait et elle s'est pratiquement mise à danser avec moi !

Lorsque j'ai acheté mon premier jean de taille 6, j'ai ainsi dire dansé tout le long du trajet qui me séparait de ma voiture. Je voulais enlever l'étiquette, l'agrandir et l'encadrer. Je ne l'ai jamais fait bien sûr, car Rob aurait pensé que j'étais réellement tombée sur la tête.

Taille six ! *Six, vous rendez-vous compte, six !* La réalité s'est véritablement imposée à moi lorsque je me suis fait la réflexion suivante : « Je suis maintenant dans la catégorie *Petite*. »

« Ça alors, c'est tout un concept à intégrer ! »

Chapitre **sept**

Un retour
éblouissant !

De mai à septembre 2001

⭐   *Poids : maintenu pendant plus d'un an*
⭐   *Tailles : de 8 à 6*

*C*et été-là, j'ai reçu un courriel accompagné de la photo d'une femme radieuse. Le message disait : « Voici une photo de vous et moi prise lors de votre passage dans ma région. Grâce à vous, j'ai perdu 81 kilos. J'ai été paralysée, en fauteuil roulant, pendant six ans et demi à cause de mon poids, qui oscillait autour de 145 kilos le jour où j'ai cessé de me peser. J'ai pris du Fen-Phen, puis j'ai fait un infarctus. À l'époque, je ne me souciais pas de ma santé. J'ai continué à prendre ce médicament, car j'aurais fait *n'importe quoi* pour maigrir. Puis j'ai lu votre histoire, je me suis empressée de m'informer sur la chirurgie de l'obésité et j'ai trouvé le courage d'y recourir... Je sais que vous ne lirez probablement jamais ce courriel, mais je voudrais que vous sachiez que je vous dois la vie. Je voulais aussi vous dire que j'ai remisé mon fauteuil roulant le 10 avril. Pour toujours. J'ai deux nouveaux genoux et une nouvelle bague à diamants que mon mari m'a achetée. Les gens ont cessé de m'appeler « Roulis-roulant ». Ils m'appellent maintenant « Tête haute ». Ma chère Carnie, je vous aime et je vous admire. À 57 ans, j'entame une nouvelle vie. Un grand merci et Dieu vous bénisse. »

Lorsque les gens s'attaquent au fait que j'ai opté pour la chirurgie, j'ai envie de prendre cette lettre, que je chéris, et de l'agiter sous leurs yeux, comme un drapeau. Un texte comme celui-là me permet *à moi aussi* de marcher la tête un peu plus haute. Cette lettre n'est en fait que la pointe de l'iceberg, car il y en a beaucoup d'autres comme celle-là. Je les lis toutes sans exception, j'en suis extrêmement touchée et je partage le bonheur de ceux et celles qui m'écrivent.

Après avoir maintenu mon poids pendant près de deux ans, il était temps pour moi de penser à ma carrière. Je songeais aux diverses possibilités qui s'offraient à moi lorsque je me suis souvenue du retour sur scène qui m'avait le plus touchée.

Rob et moi étions à Las Vegas pour assister au Billboard Music Awards, un des événements phares du monde de la musique. On m'avait demandé d'être présentatrice et j'allais, pour la première fois, « dévoiler » mon nouveau moi en direct, devant public. Il me fallait à tout prix être irrésistible. Alors Rona, la petite amie de mon cousin, m'a confectionné une combinaison en suède brun chocolat ornée de sequins. Le décolleté était profond et sexy, et je portais des bottes super « cool » en faux crocodile. Mes cheveux étaient très longs (grâce aux merveilleuses extensions de cheveux), d'un brun cuivré tout ce qu'il y a de plus « hot », et mes paupières scintillaient de fard bleu turquoise (merci à Kim).

Lorsque j'ai défilé sous une pluie de flashes devant une bonne centaine de photographes, dont plusieurs me voyaient pour la première fois depuis que j'avais perdu du poids, j'ai eu l'impression de ne plus porter à terre. À l'époque où j'étais grosse, certains d'entre eux avaient été méchants envers moi ; aujourd'hui, je pouvais les entendre s'exclamer à mon endroit — j'aurais dû en être fière, mais en réalité j'étais embarrassée. Pendant un instant, je me suis revue à l'une de ces cérémonies de remise de trophées auxquelles Wilson Phillips avait déjà assisté, et j'ai compris que Wendy et Chynna s'étaient toujours senties comme je me sentais maintenant. Pendant ce temps, moi, j'étais la grosse qui essayait malgré tout, ne fût-ce qu'une seconde, d'avoir l'air sexy dans son pantalon taillé sur mesure et sa grande veste enveloppante. Tout ce que je peux dire, c'est qu'il est beaucoup plus agréable d'arriver sûre de soi que de projeter l'image d'une personne honteuse qui, de tout son corps, semble dire : « Ne me regardez surtout pas. »

Nous sommes entrés et je me suis préparée à présenter le spectacle.

De retour parmi nous : Carnie Wilson. Accueillons-la chaleureusement », annonça une voix sexy.

Lorsque je me suis avancée sur la scène, les 30 000 personnes devant moi se sont tues un instant, comme s'il s'agissait d'une imposture. Lorsqu'elles se sont rendu compte que je ressemblais étrangement à la moitié de mon ancien moi, elles se sont vite levées et m'ont fait une ovation debout. J'étais complètement bouleversée.

« Merci, merci », ai-je dit dans le microphone, en regardant tout autour de moi. Ai-je mentionné que j'étais entourée de testostérone sous la forme d'un adorable groupe appelé *98 Degrees*, composé de charmants jeunes hommes ? Je ne dirai pas lequel d'entre eux n'arrêtait pas de zieuter mon nouveau derrière, mais c'est bel et bien arrivé et je n'ai pu résister à l'envie de faire un peu d'humour. On m'avait *bel et bien* dit d'improviser, alors j'ai obéi.

« Je ne sais pas ce qui se passe mais, depuis que j'ai perdu tout ce poids, je me sens comme une chatte en chaleur », ai-je dit à une foule en délire qui s'est mise à applaudir.

« C'est formidable d'être entourée de tous ces jeunes hommes et je ne détesterais pas que l'un d'eux me donne une petite tape sur le derrière », ai-je ajouté, taquine.

Eh bien, le résultat ne s'est pas fait attendre : ces mains, auxquelles des millions d'adolescentes rêvaient, se sont soudainement retrouvées sur mes fesses. (Si j'avais eu 12 ans, on aurait pu lire dans mon journal personnel : « Je ne me laverai plus jamais les foufounes. »)

Tout cela a été formidable, bien entendu, mais je me demande si on se rendait compte que c'était la première fois de toute l'histoire de l'industrie de la musique qu'on rendait hommage à quelqu'un pour avoir été *perdant* ? Et je vais vous avouer une chose : je me suis sentie extraordinairement bien.

Partie II

Tout est dans la tête

(On s'en doutait...)

✪ Partie II – Introduction

Je n'avais pas du tout l'intention de commencer cette partie en vous parlant de ma mère nue. J'aimerais par contre vous entretenir de la nécessité de lever le voile, tant sur le plan émotif que physique. Alors qu'est-ce que *la nudité de ma mère* vient faire là-dedans, allez-vous me demander. En fait, croyez-le ou non, je suis persuadée que ma mère n'aurait pas d'objection à ce que je vous raconte cette histoire, car c'est tout ce qu'il y a de plus pur. Une première pour moi !

Parmi mes souvenirs de petite fille, il y en a un que j'affectionne tout particulièrement : assise sur le carrelage de la salle de bains, je regardais ma mère se prélasser dans la baignoire. J'adorais cette pièce remplie de vapeurs fleurant le parfum Rive Gauche, la crème pour les pieds Rachel Perry et le shampooing que Farrah Fawcett avait choisi d'annoncer cette année-là. Dès que l'eau commençait à couler, la plupart de mes problèmes de petite fille de dix ans s'évaporaient doucement. Je me vidais le cœur allègrement — « Pourquoi est-ce que je suis la plus grosse de ma classe ? Je ne veux pas retourner à la colonie de vacances Weight Watchers cette année. » — au son du clapotis de l'eau.

Lorsque ma mère retirait le bouchon, beaucoup de mes problèmes paraissaient s'en aller avec l'eau savonneuse. J'adorais la regarder sortir du bain parce que, de là où j'étais assise, je voyais d'abord émerger ses pieds, qu'elle secouait l'un après l'autre, jusqu'à ce qu'atterrissent sous mes yeux dix orteils parfaitement manucurés. À ce moment précis, peu m'importait ce qui ne tournait pas rond dans le reste du monde : ces orteils étaient pour moi comme une vision du paradis, et je rêvais de ressembler à ma mère en tous points.

Je sais que ce genre de confession ferait les délices de *Jenny Jones*, mais je m'ennuie encore parfois de ces longues séances de thérapie. Je savais que je n'étais pas seule et que maman pouvait tout arranger. Ce qui est moche, par contre, c'est que maintenant je suis seule pour explorer les zones brumeuses de mon esprit — sans aucun parfum Wella qui embaume l'air.

Pour ce qui est de mes émotions ces temps-ci, eh bien je peux soit en remplir la baignoire avec soin, soit la laisser déborder ou encore me plonger la tête dans ses eaux troubles…

J'entre aujourd'hui dans une nouvelle phase de ma vie où m'attendent des expériences neuves. J'en parle dans cette partie du livre. J'y raconte comment j'ai appris à ne pas « ravaler » mes émotions avec de la nourriture ou de la drogue. En fait, j'ai découvert des moyens naturels de faire face au stress et de connaître des moments de grâce. Pour cela, j'ai dû travailler sur le contenu aussi bien que sur le contenant, ouf !

Nous allons explorer d'abord le plan physique, puis le plan émotionnel. J'avoue qu'il m'a été beaucoup plus facile de m'attaquer à la graisse qui enveloppait mes hanches qu'à celle qui se logeait entre mes deux oreilles. Je détenais un billet pour un voyage exploratoire dans les méandres de mon esprit sans savoir où j'aboutirais. Maintenant que j'étais capable de boucler ma ceinture de sécurité, j'avais intérêt à la serrer bien fort, car je prévoyais des secousses.

✪ ✪ ✪

Chapitre *huit*

Le temps de la mue (Puisqu'il faut en parler)

*V*oici une histoire qui ressemble à un drôle de conte de fées. Il était une fois une fille qui avait perdu 68 kilos et qui, depuis lors, vivait un bonheur indescriptible… sauf lorsqu'elle était dans sa merveilleuse baignoire où, comme sa douce maman, elle aimait par-dessus tout se prélasser. Dans ces moments-là, les bulles chatouillaient son nouveau corps aminci et puis une horrible chose se produisait : tout son surplus de peau flottait à la surface allant même jusqu'à émerger de la mousse.

Ouais, ça m'est arrivé. Je m'assoyais dans la baignoire et je jouais avec les pans de peau qui flottaient, ne pouvant m'empêcher de penser à un étrange Jello-O humain. Je n'y comprenais rien car, en 2001, je m'entraînais sérieusement (nous y reviendrons) et j'arrivais à distinguer mes muscles et mes os mais, ici et là, ils étaient recouverts d'une véritable tente de peau inutile. Croyez-moi, j'avais l'impression d'avoir reculé d'un pas de géant, même si j'allais régulièrement au gymnase et que j'avais perdu tout ce poids. Une vraie claque en pleine face ! Je me forçais pour paraître le mieux possible et, lorsque je regardais mon ventre, je voyais un tas de peau qui pendait, de la peau qui ne m'appartenait plus. C'est alors que j'ai compris que ça devait partir.

Comme de nombreuses espèces sauvages, il me fallait muer.

Dommage que je ne sois pas un serpent. Pourquoi ne pouvais-je pas simplement ramper vers le désert, muer, puis revenir ? C'était malheureusement impossible ; alors, j'ai fait ce que tout être un tant soit peu civilisé ferait en pareil cas : j'ai appelé un chirurgien plasticien.

Et voilà les tabloïds qui se déchaînent, comme s'ils avaient lu dans mes pensées. J'allais, selon eux, recourir à une « chirurgie plastique ultrasecrète », comme si c'était un crime d'envergure nationale (espèces d'enfoirés !) Non mais, de quoi je me mêle ?

Il y avait longtemps que je ne m'intéressais plus à ce qu'écrivaient les journaux à potins. Je savais, en mon for intérieur, que j'avais fait tout ce que je pouvais pour mon corps, et mon mari, mes parents et mes amis le savaient également. J'étais rendue au point où un petit coup de pouce était nécessaire. Après en avoir parlé un million de fois et avoir lu deux millions de brochures sur le sujet, j'ai pris mon courage à deux mains et j'ai choisi de passer à nouveau sous le scalpel. Sachant que les résultats n'étaient pas garantis, je ne m'attendais pas à la perfection, juste à une amélioration.

Dans ce domaine, il est toujours préférable d'avoir un chirurgien très expérimenté. J'ai donc choisi le docteur Steven Zax de Beverly Hills. Plus que toute autre chose, je voulais qu'il améliore mes seins qui, à l'époque, ressemblaient à deux chaussettes sport avec un mamelon au bout. Sans blague ! avant de maigrir, je portais un D et voilà que j'avais du mal à remplir un B, sans parler du manque de tonus ! J'avais réellement honte de mes seins et c'est la partie de l'opération qui me réjouissait le plus.

Cependant, il y avait un hic : à l'idée qu'on touche à mon ventre (lipectomie), je me sentais presque aussi bouleversée que je l'avais été à l'idée de subir une chirurgie de l'obésité. Je savais que cinq millions de redressements assis n'y changeraient rien, mais qu'en me faisant opérer je me retrouverais instantanément avec un ventre parfaitement plat (à condition de continuer à bien manger et à faire de l'exercice). Par contre, j'étais habituée à rentrer les mains dans les replis de mon ventre et celui-ci me servait un peu de doudou. Je ne sais plus à quand remontait cette habitude, mais j'y recourais chaque fois que j'entendais quelque chose de drôle, de triste ou d'un peu les deux. C'était traumatisant pour moi de dire adieu à cette partie sécurisante de mon corps. Où allais-je poser les mains dorénavant ?

Ce n'est pas seulement la douleur qui me faisait peur, mais aussi l'idée que les derniers vestiges de mon ancienne anatomie — ma peau jadis dodue — allaient disparaître… pour toujours. En échange, cependant, j'aurais le ventre plat pour la première fois de ma vie. Je mentirais en vous disant que j'ai pris cette décision uniquement pour des raisons de santé. La vanité y était bien sûr pour quelque chose. J'ai donc décidé de mettre les ciseaux dans cette vieille enveloppe de peau : *hasta la vista*, surplus de peau, on ne te reverra pas de sitôt !

Passons aux statistiques : environ la moitié des gens qui ont subi une chirurgie de l'obésité ou perdu vraiment beaucoup de poids choisissent de se faire enlever l'excédent de peau. Il appartient à chacun de prendre sa décision. Certains le font pour des raisons médicales ; d'autres parce qu'ils en ont marre de voir leur peau qui pend. Si vous appartenez à cette dernière catégorie, faites comme moi et débarrassez-vous-en. À propos, insistez auprès de votre assureur pour vous faire rembourser les procédures qui sont couvertes, car certaines le sont.

On m'a dit que, pour obtenir des résultats optimums, il devait me rester au plus cinq à sept kilos à perdre (il m'en restait cinq) et qu'il était important que je fasse de l'exercice pour permettre aux muscles de se former sous la peau, ce qui réduirait la taille de la cicatrice. Comme j'étais très enthousiaste, je me suis mise à l'exercice. Je rêvais de porter un jean ajusté avec un petit haut découvrant le nombril, puis, à mesure que le temps s'écoulait, je n'avais plus envie que d'une chose : qu'on en finisse avec l'opération. C'est là que j'ai commencé à compter les minutes qui m'en séparaient.

On me demande souvent si c'est douloureux, et je mentirais en disant que ça ne l'est pas. La douleur était endurable, mais je n'aurais jamais pensé qu'on pouvait ressentir une telle force de traction dans le ventre. J'avais l'impression qu'on avait empoigné ma graisse et qu'on l'avait serrée le plus fort possible pour tenter de l'extirper. (Je sais que vous êtes en train d'essayer ; alors, surtout ne vous faites pas mal !)

Pour ce qui est de la période post-opératoire, disons que j'ai dû prendre grand soin de mes plaies et de mes bandages, et trouver des positions pour dormir adaptées à mon état. J'ai été quelques semaines à ne pas pouvoir élever les bras au-dessus de la tête et plusieurs semaines (beaucoup plus longtemps que je ne l'aurais cru) à me déplacer avec lenteur. Je devais surveiller chacun de mes mouvements de manière à ne pas nuire à mes incisions. Oh, mais ça en valait la peine !

Pour ceux qui aiment les détails, disons que j'ai été opérée dans le bureau du docteur Zax et que j'ai passé trois jours dans une maison de convalescence privée de Los Angeles. C'est un de ces endroits où les gens disparaissent pendant des jours pour faire effectuer leur « travail » et qui donnent comme prétexte de partir en vacances ou de faire du bénévolat au refuge pour sans-abri de leur quartier. C'est un peu comme d'amener sa voiture chez un mécanicien qualifié et hop ! voilà qu'elle est comme neuve : un beau capot dont on a effacé toutes les imperfections et un pare-chocs… dont on a enlevé ou non les petites bosses, selon vos préférences.

En fait, j'aurais préféré récupérer à la maison avec une infirmière privée ou même avec ma mère. Toute seule dans cette chambre luxueuse, je ne faisais que penser à Rob et aux chiens. Trois jours après, je suis rentrée à la maison et la véritable guérison a pu commencer.

J'ai particulièrement apprécié mes nouveaux seins, malgré le choc que j'ai eu au réveil en les voyant couverts de points de suture et d'ecchymoses mauves et jaunes. Si, à ce moment-là, j'avais entendu la chanson de Rod Stewart *Do You Think I'm Sexy ?*, j'aurais fondu en larmes. J'avais l'impression d'être le résultat d'un croisement entre Frankenstein et Cher. Par bonheur, mes seins et mon ventre s'amélioraient de jour en jour, mais j'ai passablement souffert pendant environ un mois.

Il me fallait laisser mon nouveau corps guérir à son rythme, ce que j'ai fait. Je dois dire que ça n'a pas pris beaucoup de temps, grâce entre autres à une procédure recommandée par le docteur Zax, qui consiste à respirer de l'oxygène pur pendant une heure dans un cylindre transparent appelé « caisson hyperbare ». Ça coûtait relativement cher, mais ça valait vraiment la peine. Les personnes souffrant de diabète ou de blessures qui guérissent mal devraient se renseigner au sujet de ce traitement — il peut faire des petits miracles !

Une autre chose m'a aidée : j'ai abordé l'étape de la guérison comme je l'avais fait pour ma chirurgie de l'obésité. J'ai écouté des cassettes utilisant des techniques d'hypnose, j'ai bu beaucoup d'eau et j'ai suivi à la lettre les recommandations de mon médecin. Le docteur Zax tient mordicus, par exemple, à ce qu'on avale des tonnes de vitamines avant la chirurgie et qu'on continue à en prendre pendant des mois. J'ai donc suivi scrupuleusement ses conseils.

Si vous êtes du genre à vous offusquer facilement, ne lisez pas ce qui suit, même s'il y a amplement de quoi se bidonner. Alors, allons-y ! Lors de ma première consultation avec le docteur Zax, ce dernier m'a dit qu'il pouvait en profiter pour réparer une ancienne hernie que j'avais dans le bas-ventre.

J'ai répondu en souriant : « Tant qu'à y être, pourriez-vous me faire une faveur et tirer mon bas-ventre le plus haut possible afin que tout le reste (clin d'œil !) bénéficie également d'un petit lifting », ce qu'il a fait.

La première fois que je suis allée à la toilette après avoir fait « numéro 2 », je me suis penchée pour m'essuyer mais, ô surprise, je ne trouvais plus le trou ! Je vous jure que c'est vrai !

« Mais qu'est-ce qui se passe ? » me suis-je demandé tout en m'apercevant qu'il était maintenant situé huit centimètres plus au nord.

Je sais que vous pensez que ce n'était pas nécessaire de vous donner autant de détails mais, si je n'avais pas dévoilé ces informations, qui d'autre l'aurait fait ? Ce genre de chose est assez rare et, comme ça m'a fait beaucoup rire, j'ai pensé que vous alliez peut-être rire un bon coup aussi.

Lorsque je suis allée à une de mes premières visites de suivi chez le docteur Zax, je lui ai dit : « Je vous adore. Merci pour mes nouveaux seins et ma nouvelle « v », mais il faut que je vous dise que j'aurais eu besoin d'une carte routière pour trouver par où je faisais caca. »

Le docteur est presque tombé de sa chaise tellement il riait. Il n'avait jamais rien entendu de tel auparavant !

J'ai aussi connu des moments plus sérieux. Il m'avait fallu me préparer mentalement à laisser partir toute cette peau qui avait tellement longtemps fait partie de moi. On aurait presque dit que cette enveloppe extérieure était ma toute dernière parcelle d'armure. C'était tout ce qui restait de mon « ancien moi ». Cependant, la meilleure partie de ce vieux moi résidait dans ma tête — l'excédent n'était qu'un vieux bagage devenu inutile. Je comparais ma vieille enveloppe à une robe Laura Ashley des années 80 : réconfortante à voir dans mon placard, mais plus question de la porter !

Il m'arrive encore de me sentir nostalgique en pensant à mon ancien moi, mais ça ne dure pas. J'ai encore tellement de découvertes à faire avec mon nouveau corps. À propos, je me demande où est mon nombril ces jours-ci ?

Chapitre *neuf*

Tourner *la page*

edécouvrir les différentes parties de mon corps a été bien plus facile que de comprendre ce qui se passait dans ma tête. J'aurais bien voulu pouvoir me faire opérer au cerveau, surtout dans la partie où loge l'estime de soi. Peut-être la science y arrivera-t-elle un jour. Espérons-le !

Je me répète peut-être, mais je n'insisterai jamais assez sur le fait que la perte de poids, c'est dans la tête que ça se passe. Quand on maigrit, on perd plus que des kilos : on se défait d'un passé douloureux, d'un présent difficile et de tous les autres obstacles à une vie riche et pleine.

J'étais littéralement terrifiée à l'idée de tout ce bagage que je traînais depuis trop longtemps. Dans mes kilos superflus se logeaient deux choses : 1) mon amour de la nourriture, qui ne changera jamais (et qui n'a pas besoin de changer si j'adopte de bonnes habitudes alimentaires) ; 2) ma tendance à utiliser la nourriture pour « panser mes blessures ». L'habitude que j'avais prise de recouvrir mes plaies à vif de plusieurs kilos de graisse était *ma façon* de trouver du réconfort. J'étais devenue experte en la matière et ce modus vivendi me convenait tout à fait. Je pouvais, sans aucun effort, jouer le rôle que j'avais joué toute ma vie : c'était comme si je m'étais collé l'étiquette de *grosse fille drôle*.

Un jour, quelqu'un de très intelligent (ma mère) m'a expliqué qu'en réalité les étiquettes fonctionnent un peu comme le karma : on envoie dans l'univers une certaine perception de soi-même et, un jour, elle nous revient en pleine figure.

J'ai découvert avec le temps qu'on peut se défaire des étiquettes que l'on s'est soi-même apposées. J'avais l'habitude de dire « je suis faite costaude ». Quand le médecin m'a appris que mon poids risquait de me tuer, c'est comme si j'avais reçu un élastique en plein visage. Je me suis soudain réveillée d'un long rêve et me suis dit : « Mais qu'est-ce que c'est que ces conneries ? Rien ni personne n'est fait costaud, à part les baleines et le vrai bon cristal. »

Lorsque je me suis interrogée sur la raison pour laquelle je croyais fermement que j'étais faite pour être costaude, j'ai dû remonter à la première fois où j'ai mis sur mon dos le fardeau émotionnel que j'ai traîné avec moi toute ma vie.

Lorsque j'étais enfant, voyez-vous, mon père m'aimait beaucoup, mais il avait de la difficulté à l'exprimer. Ma mère, pour sa part, était toujours aimante, attentive, sympathique et pleine de sollicitude à mon égard. Elle me répétait constamment : « Carnie, tu peux arriver à tout dans la vie si tu le désires. » C'était un enseignement formidable, mais j'ai réussi à le saboter, car je n'arrivais pas à croire que j'étais assez bonne pour faire ce que je voulais. Je n'ai pas dit assez souvent à ma mère que je lui dois une grande part de ce qu'il y a de meilleur en moi. J'espère qu'elle s'arrêtera un moment pour lire ces lignes : « Je t'aime du fond de mon cœur et je serai éternellement reconnaissante au ciel de t'avoir mise sur mon chemin. Tu m'as donné des ailes pour voler et un solide perchoir où atterrir en toute sécurité. C'est grâce à toi, maman, si je suis aussi fonceuse. »

Ma mère a toujours été très fière de moi. Une chose cependant lui causait beaucoup de souci : mon poids. Elle souffrait tellement de me voir manger sans arrêt. Lorsque j'ai commencé à être vraiment grosse, elle a essayé de m'aider, car elle savait par expérience à quel point il est difficile de perdre quelques kilos. Or, ce qui l'inquiétait surtout, c'était ma santé.

Mon père et moi avons fini par nous rapprocher l'un de l'autre et, lorsque je lui ai appris que j'allais subir un by-pass gastrique, il a paru plus heureux et plus soulagé que n'importe qui d'autre. À lui, j'aimerais dire : « Merci à toi aussi, papa. Comme moi, tu appartiens à la race des survivants et tu as été un excellent modèle. Aujourd'hui, je peux dire que je suis fière de nous deux. »

Quoi qu'il en soit, j'ai passé beaucoup de temps à ratisser les bas-fonds de mon âme et j'y ai finalement découvert une petite fille qui avait mal, accompagnée d'un petit garçon tirant une grosse voiturette en métal rouge. Il me suivait religieusement, jetant mes petits chagrins dans sa voiturette, comme un fidèle allié. Lorsque la place est venue à manquer, il les a empilés les uns sur les autres jusqu'à ce que la pile atteigne pratiquement le ciel bleu. C'est alors qu'il m'a dit : « Carnie, il faut qu'on se débarrasse d'une partie de la charge parce que c'est devenu beaucoup trop lourd à traîner. » Je n'ai rien écouté et j'ai continué à empiler mes chagrins jusqu'à ce que le petit garçon me dise d'une voix empreinte d'une grande tristesse : « Je ne suis plus capable de tirer. »

Prenant la relève, je me suis mise à tirer la voiturette moi-même, mais avec toutes les misères du monde. Quand je n'ai plus été capable de la tirer, je l'ai garée dans la cuisine. Au moins, lorsque je mangeais, je n'avais pas à tirer. Cependant, à mesure que je grossissais, il devenait évident que la voiturette n'était plus la seule chose qui refusait de bouger. Bientôt, je n'ai plus été capable de déplacer *quoi que ce soit*. J'étais coincée et je me retrouvais dans un dilemme : rester ainsi ou regarder ma pile de chagrins en face et en jeter quelques-uns par-dessus bord. J'ai compris que je ne pouvais *vraiment* plus traîner cette voiturette avec moi, car je risquais d'en mourir.

Je sais maintenant qu'en perdant du poids on touche à quelque chose de bien plus profond que la masse corporelle. En fait, on se débarrasse des chagrins qui ont hanté le passé et on apprend à vivre au présent, dans l'espoir d'un avenir meilleur. Bien sûr, j'ai dû travailler fort pour arriver à « voir la lumière ». J'ai longtemps réagi par la panique. Je croyais qu'il fallait être comme les personnages des films Lifetime pour réussir à relever ce genre de défi, et que je n'avais aucune chance.

Après avoir perdu du poids, j'ai senti mes vieux instincts — pas les plus sains — reprendre le dessus. Je veux parler de ma tendance à prendre quelque chose de bon et à volontairement le saboter — parfois même dans la plus grande inconscience. J'en ai conclu qu'il était vraiment temps que je demande de l'aide…

surtout quand j'ai commencé à examiner les vieilles photos de moi prises alors que j'étais à mon poids maximum.

Mon merveilleux petit mari adoré (ces quelques adjectifs sont absolument nécessaires étant donné que cette histoire descend vers le Sud) lisait au lit tard un soir, quand j'ai commencé à regarder fébrilement mes anciennes photos. J'étais particulièrement obsédée par une photo de moi en sous-vêtements, prise de profil, la veille de ma chirurgie. La différence était telle que j'avais peur d'être dans un conte de fées et de voir ma marraine surgir soudainement en disant : « Tu devras abandonner ton nouveau corps sur le coup de minuit. Tes nouveaux abdominaux ne t'appartiennent pas : il faut les rendre. Tout cela n'était qu'un rêve ; alors, dépêche-toi de ressortir tes vieux t-shirts XXG. »

En somme, j'éprouvais beaucoup de difficulté à intégrer tous ces changements. Alors, je me suis assise et j'ai versé toutes les larmes de mon corps. C'est à ce moment-là que j'ai décidé d'entraîner Rob dans ma souffrance. Voyez-vous, on s'était juré fidélité pour le meilleur et pour le pire… et le pire allait se produire d'un instant à l'autre.

Rob était assis tranquillement en train de lire lorsque je lui ai flanqué sous le nez une photo de moi en sous-vêtements (prise, elle aussi, la veille de mon opération). Je n'avais jamais eu le courage de lui montrer ces photos — ne me demandez pas pourquoi. En fait, je le sais maintenant : je les trouvais hideuses.

J'attendais que Rob s'explique, qu'il me dise comment il avait pu être attiré par moi à l'époque où j'étais si grosse. Comment expliquer qu'il ait eu envie de moi, qu'il ait couché avec moi alors que je portais du 28 ? En fait, ce que je voulais vraiment entendre, c'est ceci : « Ma chérie, quelle différence avec aujourd'hui ! Sache que je t'aimais énormément à l'époque, mais que je t'aime encore plus maintenant. Je suis si fier de toi ! » (Je conseille aux hommes qui lisent ce livre de noter ce qui précède, car vous pourriez marquer plusieurs points en le répétant textuellement au moment approprié.)

Il va sans dire que les hommes ne parlent jamais comme une femme, surtout quand on en aurait le plus besoin. Cela n'excuse en rien la façon dont Rob a regardé cette photo et a prononcé des paroles qu'aucun homme ne devrait jamais adresser à la personne qui lui est la plus chère : « Dieu du ciel ! Comment as-tu pu t'infliger une chose pareille : te laisser aller à grossir à ce point-là ? »

Je me suis mise à sangloter, mais j'ai réussi à articuler : « Quuuuoi ? Qu'est-ce que tu essaies de dire exactement ? » Puis j'ai claqué la porte et ne lui ai pas adressé la parole avant tard le soir. Nous, les femmes, savons toutes que c'est là une attitude parfaitement rationnelle, n'est-ce pas ?

Je me suis enfermée dans mon bureau et, pour la millionième fois de ma vie, je me suis sentie comme une petite fille en détresse qui ne savait plus quoi faire. Par le passé, j'aurais dévalisé le frigo à la recherche de ce qui aurait pu calmer ma douleur. Mieux encore : je me serais présentée au comptoir du service à l'auto du Dairy Queen, de manière à ne pas être reconnue, et j'aurais commandé un gros Blizzard avec une portion supplémentaire de Snickers. Maintenant, je suis assez forte pour ne plus réagir de la sorte, mais pas assez pour arrêter de verser des larmes de rage.

À force de regarder ces anciennes photos, je me suis rendu compte que la Carnie d'autrefois était totalement démunie face à la douleur et qu'elle ne s'accordait pas assez d'importance pour s'empêcher de devenir énorme. Quant à la Carnie d'aujourd'hui, elle est capable de ressentir sa tristesse et de pleurer quand ça ne va pas, ce qui est totalement sain. Elle n'a pas besoin de se faire du mal physiquement en recourant à la nourriture. Et puis, Rob avait raison : comment ai-je *pu* me laisser aller à ce point ? J'ai eu un sacré choc, car je me voyais pour la première fois en toute objectivité et ça a fait mal !

Ah oui, Rob a fini par monter me voir avec un air de chien battu.

« Ce que tu as dit m'a vraiment blessée, tu sais ? »

« Il m'arrive d'avoir peur que tu retournes à tes anciennes habitudes et que tu te laisses aller comme avant. » Il me regardait avec tellement de douceur et de sollicitude que j'ai compris qu'il s'inquiétait réellement pour moi — et moi donc !

« Je ne serai plus jamais aussi grosse que ça, ai-je répondu. Il n'en est pas question. »

Il m'a dit qu'il n'était pas rebuté par l'ancienne Carnie, mais qu'il s'inquiétait *réellement* de sa santé et de son avenir. Il a poursuivi en précisant qu'il considérait ne pas avoir été fou en tombant amoureux de moi à l'époque puisqu'il aimait encore la même personne maintenant. Voyez-vous, il avait depuis longtemps effeuillé les multiples couches recouvrant ma personnalité, sans même que je m'en aperçoive.

Je savais qu'en agissant ainsi je me complaisais dans le passé, incapable de jouir du présent, et qu'il était grand temps de retourner voir mon thérapeute.

J'ai raconté l'incident de la photo à Marc, mon thérapeute, et je lui ai dit : « Je regarde de vieilles photos de moi et je ne suis pas sûre de savoir qui est cette fille. Et, lorsque je me regarde dans le miroir, je ne sais pas qui est *cette fille-là* non plus. Elles sont tellement différentes l'une de l'autre. Je me sens déchirée. »

Ce qui m'a vraiment déstabilisée, c'est de ne plus reconnaître mon visage. Je voyais bien que j'étais plus jolie, mais ma figure avait tellement changé. Elle était tellement... étroite. Je me regardais constamment dans le miroir, mais ce n'était pas comme autrefois alors que je rentrais les joues et cachais mes doubles mentons avec ma main, essayant d'imaginer de quoi j'aurais l'air si j'étais mince. J'étais *rendue* mince, mais j'avais de la misère à m'habituer à mon nouveau physique. C'était comme si j'avais vécu toute ma vie dans les tropiques et que je venais d'être parachutée en Alaska, en plein hiver. Je me sentais perdue dans ce nouveau territoire.

Marc s'est alors empressé de mettre tout cela en perspective. « Que ressens-tu lorsque tu regardes ces vieilles photos ? » m'a-t-il demandé d'une voix douce.

J'ai répondu sans trop y penser : « J'ai tellement peur pour elle. »

« Te sens-tu encore connectée à elle ? » m'a-t-il demandé.

« Pas du tout, ai-je répondu, c'est juste que je me sens mal pour elle. »

« Alors, m'a-t-il expliqué, il est temps de songer à faire le deuil de celle que tu étais et à lui dire au revoir, car tu es sur le point d'entreprendre la partie de ton voyage qui t'amènera à l'intérieur de toi-même. »

J'ai pris un gros paquet de papiers-mouchoirs et je les ai mouillés de toutes les larmes de mon corps.

« Tu dois évacuer le passé, ton ancien corps et celle qui vivait à l'intérieur, de poursuivre Marc, ce qui ne t'empêche nullement d'avoir encore des choses en commun avec elle et de te souvenir de ses faiblesses. »

C'est comme si une lumière venait de s'allumer dans ma tête. J'ai compris que je *pouvais* me défaire d'une certaine partie de moi, surtout de celle que je n'aimais pas. J'avais le choix mais, en mon for intérieur, je savais que pour ne pas reprendre de poids je devais accepter le fait que j'avais changé *et que c'était très bien comme ça*. Il me restait à dire au revoir à toutes ces parties de moi qui étaient malsaines. En revanche, je savourais à l'avance le plaisir que j'aurais à apprendre à vivre avec tous les changements qui s'étaient opérés en moi, tant sur le plan physique qu'émotionnel.

Rob m'a dit un jour : « Tu sais, elle est encore toi, en version améliorée. »

« Je suppose, ai-je répondu, que je ne peux fermer les yeux ni sur l'ancienne ni sur la nouvelle Carnie. J'ai toujours senti deux personnes en moi qui s'affrontaient. Je n'ai pas besoin de quitter l'ancienne, car je serai en contact avec elle pour le restant de mes jours. J'ai juste un petit peu peur d'elle, car je ne voudrais pas lui ressembler encore un jour. C'est pour ça que j'ai ressorti les vieilles photos. Je sais au-dedans de moi que je dois la garder vivante dans mon cœur, car elle est mon noyau, mon centre. Je ne veux pas la perdre entièrement, mais je ne veux plus jamais lui ressembler physiquement. »

J'ai longtemps essayé de trouver l'équilibre entre l'ancienne et la nouvelle Carnie, et je vous jure que ce n'était pas facile. J'avais l'impression de me tenir debout sur une balançoire à bascule et de ne me sentir à l'aise ni d'un côté ni de l'autre. Je savais que j'aurais du mal à trouver l'équilibre, mais j'ai compris que c'était là le plus beau cadeau que la vie puisse offrir. C'est l'objectif que je m'efforce d'atteindre chaque jour. Savoir que je pouvais réellement devenir une nouvelle personne m'a libérée, a calmé mon esprit et m'a ouvert de nombreuses portes sur les plans aussi bien émotionnel et physique que spirituel.

Atteindre l'équilibre, n'est-ce pas le but ultime dans la vie ? C'est simple : je n'ai qu'à prendre le meilleur de l'ancienne Carnie — sa force, sa motivation et sa merveilleuse capacité d'appeler un chat un chat — et à l'intégrer à cette nouvelle personne qui est devenue… une pute ! Non, je blague ! Pourquoi est-ce que je lance toujours une blague dès que je sens que ça devient vraiment sérieux ? (Bon, d'accord, j'arrête.)

Récemment encore, une partie de mon passé m'est revenu en plein visage. J'étais en studio avec Chynna et Wendy à enregistrer le nouvel album de Wilson Phillips (je reviendrai plus tard sur la renaissance de notre groupe – youpi !) et je me suis arrêtée pour leur dire : « C'est drôlement sympa de penser qu'on se connaît depuis si longtemps, vous ne trouvez pas ? »

Et Chynna de répondre : « Ça fait tellement longtemps que ma fille fréquente maintenant la même école que nous au même âge. »

Et zoom ! j'ai été immédiatement transportée dans le passé et j'ai revécu une scène extrêmement douloureuse, à laquelle j'aurais autrefois réagi en dévalisant le frigo. Nous étions alors en première année du primaire et la scène qui m'est revenue à la mémoire, j'aurais aimé pouvoir retourner en arrière et faire en sorte qu'elle n'ait pas eu lieu. C'est alors que l'ancienne Carnie en moi a sorti son arsenal humoristique pour essayer de cacher sa blessure : « Bon sang, Chynna, sois un peu plus généreuse : n'arrête surtout pas de déterrer les petites merveilles de notre cher passé », dis-je de ma voix la plus sarcastique.

Et Chynna de répondre : « Je sais à quoi tu penses. » Puisqu'elle connaît mon passé dans les moindres détails, elle a poursuivi en me regardant droit dans les yeux : « Te souviens-tu de la rouquine sur laquelle nous avons tapé ? »

Permettez-moi d'abord de préciser que je ne connais personne qui ait autant de mémoire que Chynna. Elle se souvient absolument de tout, y compris de ce qui s'est passé dans notre enfance. C'est une vraie bénédiction car nous pouvons toujours, à brûle-pourpoint, rouvrir le livre de nos vies à n'importe quelle page.

Lorsque Chynna a parlé de la « rouquine », je l'ai regardée avec étonnement car je me suis immédiatement souvenue de cette fille qui, en fait, était souvent venue hanter mes rêves.

Je suppose qu'elle symbolise à elle seule l'ensemble des erreurs que j'ai pu commettre car, lorsque je songe à toute la chance que j'ai eue dans la vie, il me suffit d'évoquer son souvenir pour atterrir péniblement. En fait, je suis loin de blaguer, car je me suis souvent réveillée la nuit, incapable d'effacer son image gravée au fer rouge dans ma mémoire. Je lui disais, repentante : « S'il te plaît, pardonne-moi, je suis si navrée ! »

Elle était la fille que j'aurais voulu être en première année. J'étais la grosse et, elle, c'était la jolie rouquine au teint de nacre. Mon envie s'est transformée en haine, car je trouvais tout à fait injuste qu'elle soit mince et belle. En fait, je voulais lui faire du mal pour qu'elle sache enfin ce que c'était que de souffrir comme moi. J'étais persuadée que quelqu'un d'aussi exquis n'avait jamais souffert de sa vie. C'est curieux, car c'est à peu près à cette époque que les autres enfants ont commencé à me taquiner et à m'appeler « la grosse ». Pendant que je me plaisais à supposer des choses au sujet de la rouquine, eh bien, d'autres enfants agissaient de la même façon à mon égard.

Ces jours-ci, j'ai l'impression que Dieu ne veut pas que j'oublie complètement à quel point j'ai pu être cruelle, ni dans quelle mesure je suis encore capable de blesser. C'est pour ça qu'Il ne me permettra probablement jamais d'oublier cette petite fille. J'aimerais bien retrouver sa trace et lui écrire une lettre d'excuses. Je sais que c'est ridicule, car nous sommes maintenant toutes les deux dans la trentaine et elle a probablement oublié ce malheureux épisode survenu il y a de cela tellement d'années.

Voici la lettre que j'aurais aimé lui adresser :

Chère petite rouquine de l'école Montessori de Santa Monica,

Trois décennies ont passé depuis la dernière fois que je t'ai vue et, pourtant, le souvenir de notre cour d'école est encore très présent à ma mémoire. J'avais hâte à la récréation pour pouvoir te suspendre par les pieds aux barres du module de jeu. Il m'est arrivé de te griffer et de te mordre jusqu'à ce que tu commences à pleurer. Physiquement, tu étais faible tandis que, moi, à six ans, j'étais déjà costaude et forte. J'ai toujours fait semblant d'être insensible à tes pleurs mais, au fond de moi, ça m'émouvait. C'est juste que j'étais trop en colère pour m'en apercevoir. J'étais grosse et, toi, tu étais belle. Résultat : j'étais jalouse. Ne sachant pas quoi faire avec la rage qui s'emparait de moi devant ce que je percevais comme une injustice, je me vengeais sur toi. À cette époque, les autres enfants commençaient à se moquer de moi parce que j'étais grosse et j'ai découvert qu'il y avait quelqu'un d'encore plus démuni que moi — toi. C'est dire à quel point je tenais à ne pas être l'unique victime. Je voulais montrer aux autres enfants que je n'étais pas la seule qui pouvait avoir mal. Il fallait que quelqu'un souffre plus que moi.

Je voudrais simplement te dire que, si je le pouvais, j'effacerais tout le mal que je t'ai fait d'un coup de baguette magique. Sache que je me déteste d'avoir fait ça. En fait, j'ai tellement de chagrin quand je pense à toi que j'en tombe à genoux. Je pense à toi depuis des années et j'ai même entrepris une sérieuse démarche thérapeutique pour essayer de comprendre pourquoi je me suis comportée de la sorte. Ce n'est pas à toi que j'en voulais, c'est à moi-même — toute petite fille que j'étais. À l'heure où j'écris ces lignes, je ne peux m'imaginer en train de faire souffrir *quelqu'un et je m'en veux énormément de ce que je t'ai fait, même si je sais maintenant que je n'étais qu'une petite fille en colère habitée par une grande confusion.*

Si je te rencontrais aujourd'hui, je ne saurais pas à quoi m'attendre : m'enverrais-tu promener ou me prendrais-tu dans tes bras ? Peu importe que tu me détestes jusqu'à la fin de tes jours ou que tu trouves en ton cœur la force de me pardonner, je tiens à te dire qu'il y a peu de choses dans la vie que je regrette autant que le mal que je t'ai fait. J'en suis profondément affligée et te présente mes plus sincères excuses.

Avec tous mes regrets,
Carnie

Je sais pertinemment que les excuses que je viens de présenter ont des ramifications qui s'étendent bien au-delà de la petite rouquine, qu'elles puisent à de nombreuses sources dans mon passé et que cela me permet de me libérer d'une partie de la culpabilité responsable de mes 136 kilos.

Même si Chynna s'en veut elle aussi, elle est capable de prendre un sain recul et de dire : « Nous n'étions que des enfants. Nous ne connaissions rien de la vie. Tu dois tourner la page. »

J'aimerais que ce soit aussi facile que ça pour moi. J'admire la capacité de Chynna à remettre les choses à leur place. Il est clair que ce souvenir devrait être remisé pour de bon, mais il revient régulièrement me hanter. Il fait partie des choses que j'essaie de régler depuis de nombreuses années.

J'ai dit à Rob : « Il y a tellement de choses pour lesquelles je me blâme. J'ai l'impression que tout est de ma faute, que je joue le rôle de l'éternelle coupable dans une pièce de théâtre complètement absurde. Ma culpabilité n'a pas d'objet précis et je ne sais pas vraiment d'où elle vient. Par exemple, lorsque je me sens triste, je ne sais pas toujours pourquoi. C'est peut-être pour ça que j'ai été si dure envers moi-même toutes ces années.

J'avais enfin trouvé de quoi était fait mon secret le plus intime.

Et puis, j'ai eu une sorte de révélation : je me suis dit que, si on est heureux plus souvent que malheureux, c'est que ça va bien !

Ces jours-ci, j'aime comparer ma vie à une immense toile de peintre. Autrefois, j'y ai dessiné des scènes d'une grande dureté, mais je sais maintenant que je peux effacer les parties de ma toile que je n'aime pas. Bien sûr, on devine encore un peu les anciens traits — après tout, on ne peut effacer complètement ses souvenirs et je ne le souhaite pas non plus, car non seulement m'ont-ils façonnée, mais aussi m'ont-ils permis de devenir plus forte.

Avec le temps, j'ai découvert que je peux très bien dessiner par-dessus les mauvais souvenirs ou encore m'en servir comme arrière-plan. C'est le devant de la scène qui compte le plus maintenant. Je peux y travailler et essayer de l'embellir, ce que je réussis très bien, ma foi.

Chapitre *dix*

Madame Réponse-à-Tout

L'autre jour, je suis allée à la librairie Borders et j'ai acheté *Codependent No More : How to Stop Controlling Others and Start Caring for Yourself* (Finie la codépendance : comment cesser de contrôler les autres et commencer à s'occuper de soi-même) de Melody Beattie. Quelle aventure ! J'avais l'impression de lire mon autobiographie (ha, ha !).

J'aime bien redresser la vie de tout le monde et les « bénéficiaires » ont des façons bien intéressantes de réagir. Disons, pour commencer, que Rob est totalement allergique à mes tentatives de contrôle. C'est un homme très compétent qui, avant de me connaître, arrivait très bien à gérer lui-même sa vie. Sachez cependant que ma mère, ma sœur et mes amis — sans oublier le type sympa qui a installé les tablettes dans mon placard — ne donnent pas leur place non plus, oh non ! (À propos, je pense que le type sympa dont je viens de parler, et qui s'est brouillé avec son frère, devrait faire la paix avec lui. Bien sûr, il ne m'avait pas demandé mon avis, mais je le lui ai donné quand même et il a déduit 10 $ de ma facture.)

J'ai toujours été comme ça. En fait, mon besoin de contrôler les miens m'a tenue éloignée de mes propres difficultés, cachées bien à l'abri dans un corps qui habille du 28 : c'était pratique comme tout ! J'étais tellement occupée à régler les problèmes de tout le monde qu'il ne me restait plus du tout d'énergie ni d'idées pour régler les miens : j'étais trop vidée pour aller fouiller dans mon propre linge sale.

En octobre 2002, je participais, avec ma famille, au cinquième concert bénéfice annuel donné dans le cadre de la marche contre le cancer de Carl Wilson (je suis contente de pouvoir contribuer à garder son souvenir vivant) et je me suis naturellement retrouvée au micro, en train de rallier tout le monde : « Allez, on y va ! Wendy, ton maquillage est parfait, rentrons en scène. » Quelques instants plus tard : « Je crois qu'on devrait commencer par cette chanson-là. » Et j'aurais pu continuer comme ça sans relâche, ce que j'ai d'ailleurs fait.

Je me suis alors tournée vers ma sœur et lui ai demandé à brûle-pourpoint : « Wendy, pourquoi est-ce que je dis toujours quoi faire à tout le monde ? »

Et elle de répondre : « Pourquoi le soleil est-il chaud ? Certaines choses vont tout simplement de soi. »

« Oh ! » ai-je répondu.

« Tu es une maniaque du contrôle » a-t-elle gloussé. Ce n'était pas tant une accusation qu'un état de chose, comme elle aurait dit que je suis Taureau par exemple.

Je me suis mise à penser que c'est également ce que je fais lorsque je prononce des conférences sur la santé dans les hôpitaux : je dis aux gens quoi manger, comment rester motivés, etc. J'ai alors compris que moins j'avais de contrôle sur ma propre vie, plus j'essayais d'en avoir sur celle des autres. Cependant, maintenant que j'ai acquis une bonne dose d'autocontrôle, pourquoi suis-je encore capitaine du paquebot Réponse-à-tout ?

J'ai commencé à comprendre qu'en fait *je ne sais vraiment pas* ce qui convient le mieux aux autres... du moins pas tout le temps. Pour l'amour du ciel, vous n'êtes pas obligés de toujours écouter ce que je dis. Je sais que je n'ai pas réponse à tout — je n'ai pas l'exclusivité de l'intelligence, de la bravoure et de la force, et il y a bien d'autres façons de faire tout aussi valables. Il me suffit de penser à tous ceux qui m'ont aidée à perdre du poids pour m'apercevoir que je peux apprendre beaucoup des autres aussi. Vous voyez ?

N'empêche que je perds la tête lorsque je m'aperçois qu'un membre de ma famille ou un ami se trouve dans une situation qui risque de le faire souffrir (me revoilà partie à essayer de tout contrôler). Je vous jure que je ne leur veux que du bien, mais je sais également que la vie est faite de joies et de souffrances. Après tout, plusieurs personnes m'ont dit au fil des ans : « Ne mange pas de biscuits au chocolat avec des pépites, sinon tu vas grossir ! » J'ai pourtant fait ce que j'ai bien voulu.

À l'époque, j'avais réponse à tout. Ouais...

Maintenant, je n'ai pas toutes les réponses, surtout en ce qui a trait à la chirurgie de l'obésité. Un jour, alors que j'amenais ma voiture chez un concessionnaire Lexus pour une visite de routine, j'ai aperçu la caissière me regarder d'un air méchant. Elle s'est finalement décidée à me parler : « Je veux que vous sachiez quelque chose : ma cousine a failli mourir à cause de vous. »

« Pardon ? ai-je dit, quelque peu confuse. Pardon ? Oh non ! »

« Elle s'est fait opérer pour suivre votre exemple et elle est à l'hôpital depuis presque un an », m'a-t-elle expliqué, sur un ton plutôt colérique. Elle a souffert d'un épanchement intestinal, et s'est retrouvée avec une infection monstre qui s'est répandue dans presque tout son organisme. Elle a ensuite fait une pneumonie et elle y est presque restée. »

C'était horrible à entendre parce qu'il se passait rarement un jour sans que je ne reçoive des nouvelles de quelqu'un à qui j'avais servi de modèle ou que j'avais aidé et pour qui cette chirurgie avait magnifiquement réussi. J'avais plutôt l'habitude des témoignages du genre de celui-ci : « Je remercie le ciel de vous avoir entendue à *Good Morning America*, car j'ai pu m'informer au sujet de la chirurgie et maintenant je pèse 113 kilos de moins. Grâce à vous, je peux marcher de nouveau. »

Jamais auparavant je n'avais eu de témoignage négatif (à part « mon estomac n'arrive pas à garder le poulet ») et j'étais dans tous mes états. Je ne trouvais pas les mots qu'il fallait pour aider cette fille — j'étais anéantie. Tout ce que j'ai réussi à dire, c'est : « Je suis vraiment désolée ! C'est horrible. Est-ce que votre cousine va mieux à présent ? »

« Oui, elle a fini par remonter la côte, de répondre la caissière, mais ça a été la pire expérience de sa vie. »

« Je ne sais pas si vous le savez, mais de telles choses ne se produisent que très rarement », conclus-je. (Et c'est la vérité : il est vraiment rare qu'une infection déclenchée par une chirurgie de l'obésité mette la vie de quelqu'un en péril.)

Ce jour-là, je suis rentrée chez moi complètement vidée. Je me suis rendu compte de l'influence que je pouvais avoir sur les gens. Cette femme aurait pu mourir par ma faute. Je savais qu'il m'était impossible de corriger la vie de quelqu'un, sa destinée ou les résultats de sa chirurgie. Pourtant, je continuais à subir un stress différent de tout ce que j'avais pu vivre auparavant et j'ai compris qu'il provenait du rôle que j'étais dorénavant appelée à jouer dans le monde. Inspirer les autres allait devenir une activité consciente et ça fait maintenant partie de moi. Je dois cependant me garder de trop m'investir émotivement et essayer de prendre un peu de recul vis-à-vis mon nouveau rôle. Je continue d'être à l'écoute des gens qui veulent me confier leurs difficultés, mais je ne peux les régler pour eux. En définitive, *chacun est maître de son destin.*

Un peu plus tard, j'ai appelé mon thérapeute et je lui ai dit en sanglotant : « Non seulement dois-je m'occuper de moi-même, mais aussi dois-je m'occuper de tous les autres. » J'avais bien sûr à l'esprit la conversation que je venais d'avoir avec la caissière.

Et Marc de me répondre : « Carnie, tu peux inspirer les autres et les motiver, mais tu n'as aucune responsabilité à leur égard. Tu dois apprendre à faire la distinction entre les deux. »

C'est là mon plus grand défi à l'heure actuelle : me résoudre au fait que je ne peux pas régler les problèmes de tout le monde.

Comme je l'ai déjà dit, j'étais plutôt habituée à recevoir des réactions positives de la part des gens qui avaient subi une chirurgie de l'obésité. Au début de 2002, par exemple, je suis allée à Tulsa, dans un hôpital, et j'ai parlé avec des personnes enchantées de leur chirurgie.

La réalité, comme souvent, a dépassé toutes mes attentes. J'ai tout d'abord été accueillie par une femme qui avait perdu 125 kilos (elle avait passé sept ans dans un fauteuil roulant électrique) et qui a *couru* vers moi pour me serrer la main et me donner l'accolade. Elle m'a dit, d'un air joyeux : « Je ne sais pas ce qui m'arrive mais, depuis que j'ai perdu du poids, je n'arrête pas de gambader partout comme un faon. » Si elle avait participé aux Olympiques, je crois qu'elle aurait obtenu un 10 pour la vitesse à laquelle elle a ensuite regagné son siège. Et si j'avais été juge, je lui aurais donné la note parfaite. Un véritable miracle ambulant !

Alors que j'autographiais des livres dans le hall d'entrée de l'hôpital s'est produit un événement qui allait bouleverser ma vie. Une jolie jeune femme s'est approchée et m'a mis entre les mains un papier avec une photo, en disant d'une voix du Sud délicieusement traînante : « Bonjour, Carnie, ça c'est ma mère. Je préfère dire qu'elles est en visite au paradis plutôt que de dire qu'elle est morte. »

Je suis restée figée, ne sachant pas quel geste poser en premier : lui prendre la main, la prendre dans mes bras ou lui dire à quel point j'étais peinée. J'ai fini par faire les trois, alors que tout ce que voulait Becky, c'était que je lise le papier qu'elle m'avait donné. C'est alors que mes yeux se sont remplis de larmes. Il s'agissait d'un certificat de décès sur lequel on pouvait lire « Cause du décès : obésité morbide ». Puis j'ai examiné de près la photo de Jean, la mère de Becky (une femme grisonnante, dans la cinquantaine, au doux visage arrondi) et là j'ai vu à quel point elle devait être grosse. Elle était décédée d'un arrêt cardiaque.

L'arrêt cardiaque causé par l'obésité morbide est la deuxième plus importante cause de décès chez les femmes (la cigarette est la première). Plus de 20 % des Américains souffrent d'obésité morbide, ce qui veut dire qu'aux États-Unis seulement quatre millions de personnes pèsent au moins 45 kilos de trop et souffrent d'une maladie mortelle : des chiffres à couper le souffle ! Je ne peux pas les contacter tous, loin de là, mais ça ne m'empêche pas d'apporter ma contribution. Si Oprah le fait, je peux le faire aussi. Au fait, nous le pouvons tous.

Et Becky de poursuivre : « Comme vous pouvez le constater, j'ai moi aussi plus de 45 kilos à perdre et, bien que j'aie envie d'aller voir ma mère au ciel, je ne souhaite pas y aller maintenant. Un jour, mais pas tout de suite », a-t-elle poursuivi en pressant légèrement ma main dans la sienne.

« Tu es très jolie », lui ai-je dit. Becky, qui n'avait pas fini de se vider le cœur, m'a gentiment interrompue :

« Je ne veux pas mettre tous mes problèmes sur votre dos. » Puis, en baissant les yeux, elle a prononcé ces mots d'une voix douce : « C'est juste que, en regardant quelqu'un comme vous qui a réussi à traverser cette épreuve, je ne peux m'empêcher de penser que je pourrais peut-être obtenir ne serait-ce que la moitié des résultats que vous avez eus. »

Nous avons parlé de thérapie et d'options pour perdre du poids, et Becky m'a confié qu'elle ne soupçonnait aucunement la gravité de la maladie de sa mère : « Nous savions, bien sûr, qu'elle faisait de l'embonpoint, mais nous avions toujours espoir qu'elle finisse par perdre du poids. Nous espérions aussi que ses troubles

de sommeil et ses difficultés respiratoires prennent fin un jour. »
Or, comme cela arrive très souvent, Jean avait épuisé toute sa
réserve de lendemains.

Après m'avoir raconté son histoire, Becky semblait paniquée
et à bout de souffle. C'est alors que je lui ai dit : « Moi non plus,
je ne croyais pas en venir à bout. Tu es seule responsable de ta vie
et tu dois au moins essayer de faire quelque chose. Je ferai tout ce
que je peux pour t'aider et je vais prier pour toi. » Lorsque Becky
s'est éloignée, en repliant soigneusement le certificat de décès et
la photo de sa mère avant de les remettre dans son sac à main, j'ai
dû m'asseoir quelques minutes pour reprendre mes esprits. À
l'issue de rencontres de ce genre, on ne sait jamais si ce qu'on a
dit a eu de l'effet, mais j'avais l'impression d'avoir vraiment
établi un contact avec Becky.

Un peu plus tard ce jour-là, j'ai eu la chance de rencontrer
Brandy, une jeune fille de 13 ans qui pesait 170 kilos lorsque ses
parents ont décidé de lui faire subir un by-pass gastrique. Dès que
je suis entrée dans sa chambre (le lendemain de la chirurgie), j'ai
senti qu'elle était emprisonnée dans une coquille bien trop lourde
pour elle. Et pourtant, dans ses yeux, je pouvais voir une enfant
exubérante et confiante qui me rappelait… ma propre personne.
Elle avait le don à la fois de faire fi de sa corpulence et de saisir la
vie à pleines mains. Et quel magnétisme !

Je savais qu'elle réussirait à perdre du poids, ne serait-ce qu'en
raison de son enthousiasme. Elle n'arrêtait pas de me dire : « J'ai
tellement hâte, tellement hâte ! »

« Je sais exactement comment tu te sens, lui ai-je avoué. Je
sais à quel point tu dois être fatiguée et avoir mal, mais le chemin
qui s'ouvre devant toi est rempli de belles choses. Et c'est *en*

courant que tu commences ta route, Brandy, *en courant.* »
Lorsqu'elle a écarquillé les yeux, j'ai ajouté : « J'ai vécu la même
chose que toi : j'avais un peu peur et j'étais inquiète aussi mais, en
ce moment, la chose la plus importante que tu puisses faire est
d'imaginer ton corps en train de guérir. Je suis si contente pour toi.
Ta nouvelle vie vient tout juste de commencer. »

Je pouvais discerner sous ces joues replètes un visage radieux.
Même si la jeune fille était un peu sonnée, elle rayonnait
visiblement de bonheur. « C'est tellement " cool ", a-t-elle dit en
pleurant, tout en essayant de tasser les tubes pour me faire une
place sur son lit. Je n'arrive pas à croire que vous êtes là devant
moi. »

Puis elle m'a confié qu'elle espérait porter une robe de taille
normale, l'année suivante, au bal des finissants.

« Brandy, lui ai-je dit, j'ai des pouvoirs spéciaux : je peux me
téléporter dans l'avenir. J'assiste actuellement à ton bal et tu es là
devant moi, dans une magnifique robe rose, te dirigeant vers la
piste de danse, escortée du plus beau garçon de toute l'école.

« Vraiment ? Vous pouvez me voir ? et ma robe est belle ? »

« Ma chérie, dis-je en lui tenant la main, c'est *toi* qui es belle. »

Bon, d'accord, revenons à ma nature contrôlante. Alors
qu'arrive-t-il lorsqu'une obsédée du contrôle n'arrive pas à
maîtriser sa propre vie ? Que faire ?

Commençons d'abord par ce qu'il ne faut *pas* faire…

Par exemple, lorsque j'ai envie de m'insensibiliser, je me sers
un verre de vin. C'est nouveau pour moi, car je n'aimais pas

vraiment le vin avant mon opération. Les personnes qui ont subi une chirurgie de l'obésité devraient normalement s'en tenir à deux boissons alcoolisées par semaine. J'avoue cependant qu'après une semaine stressante il m'arrive de consommer plus d'un verre de vin et un martini pendant le week-end. Il y a en moi quelqu'un qui aimerait sortir avec les copines pour aller boire, danser et fêter, mais mon thérapeute m'a mise en garde. Étant donné mon type de personnalité — ma tendance à la dépendance —, je dois me méfier. Est-ce que j'utilise l'alcool pour relaxer ou si je ne fais que boire un verre de vin, à l'occasion, pour accompagner mon repas du soir ?

Je ne peux m'empêcher de penser à Leslie, qui me racontait que plusieurs personnes ayant subi une chirurgie de l'obésité connaissent par la suite des problèmes de dépendance, un phénomène appelé « la dépendance croisée ». Les gens passent à une autre substance afin d'essayer de remplir le vide laissé par la nourriture. C'est quelque chose dont je dois me méfier. Il s'agit donc pour moi de me rendre à l'évidence et de porter un jugement objectif sur ma conduite.

Bien sûr, je pourrais toujours blâmer les autres pour ce qui ne va pas. Qui donc pourrait être responsable du fait que *je* me suis rendue à 136 kilos ? J'ai blâmé non seulement mes parents, mais aussi la société tout entière ; j'avais à mon répertoire une panoplie d'excuses. J'ai appris qu'agir ainsi équivalait simplement à ne pas être responsable de ses propres actions. Maintenant, c'est *moi* que je blâme pour ma conduite. C'est entièrement ma faute si je n'ai pas pris assez soin de ma santé ni de mon corps. Dès que je suis parvenue à cette conclusion, j'ai été capable de me demander pardon et, quand j'ai eu fini de me repentir, j'ai pu apporter les changements nécessaires dans ma vie.

J'ai été assez longtemps en thérapie pour savoir que c'est trop facile d'accuser un proche de telle ou telle chose. Tout ce que vous réussissez alors à faire, c'est de vous en vouloir à vous-même parce que vous en voulez aux autres, et c'est *vous* qui encaissez.

Je crois honnêtement qu'il est bon de laisser savoir à ceux qui vous ont fait du mal que vous avez été blessé. C'est alors à eux de porter le fardeau, pas à vous. Cependant, ça ne s'arrête pas là. Il vous faut ensuite trouver dans votre cœur la force de leur pardonner (si la situation s'y prête).

À mon avis, le blâme n'est qu'un raccourci pour ceux qui n'ont pas le courage de faire face à leurs émotions et aux personnes qui les entourent. Vous seriez surpris de constater à quel point il est libérateur de s'ouvrir à quelqu'un qui nous a blessés. Des heures de thérapie m'ont permis de venir à bout de mes propres problèmes de blâme. Je sais maintenant que les gens qui m'entourent ont fait leur possible et qu'ils souffraient eux aussi de blessures infligées par d'autres. Personne n'est parfait et nous avons tous droit à l'erreur. En dernière analyse, c'est à moi que revenait la responsabilité de pardonner aux autres et de poursuivre mon chemin.

Que devriez-*vous* faire ? Eh bien, pourquoi n'accepteriez-vous pas le blâme ou du moins une partie de la responsabilité ? En agissant de la sorte, peut-être serez-vous amené à faire ce qu'il faut pour vous sortir du pétrin. Vous n'avez pas à associer le blâme à quelque chose de négatif. Essayez d'y voir une expérience positive.

J'ai eu tort de blâmer mes parents comme je l'ai toujours fait. Je tiens aujourd'hui à m'en excuser et à les remercier. Je remercie ma mère de m'avoir enseigné à prendre ma vie en main, à lutter contre les obstacles et à tirer profit de mes expériences. Ces jours-ci, je suis heureuse de penser que je ressemble beaucoup à mon père. Ce dernier est un homme fort, sensible et drôle, et j'aimerais lui reprocher (avec toute mon affection, on s'en doutera) d'avoir un peu déteint sur moi.

Je ne le dirai jamais assez : on devrait remercier les gens au lieu de les blâmer. Il semble y avoir là matière à réflexion…

Chapitre *onze*

La *police de l'obésité* et ma *mise en libération conditionnelle*

*V*oyez ça : juste comme je commençais à me trouver mince, voilà que la mafia du « je ne m'aime pas » renouvelle ma carte de membre.

Je suis sortie de mes gonds lorsqu'une reporter du *National Enquirer* m'a appelée *chez moi* (Dieu seul sait comment elle a obtenu mon numéro) pour m'apprendre que le directeur de la photographie avait en sa possession quelques photos de moi sur lesquelles je semblais avoir pris du poids.

« Est-ce vrai ? » a demandé la reporter, sur le même ton utilisé je suppose pour demander à Lisa Marie Presley si elle avait vraiment couché ne serait-ce qu'une seule fois avec Michael Jackson.

« Quoi donc ? » ai-je répondu en pensant : « Espèce d'enfoirée, oui c'est vrai que j'ai pris quatre kilos à un moment donné, mais je les ai reperdus depuis, et je m'entraîne comme une forcenée ces jours-ci. »

« Nous avons entendu dire que vous commencez à reprendre du poids, a répondu la reporter, cela vous inquiète-t-il ? »

J'ai fini par apprendre que les gens du journal, avaient en leur possession une photo de moi peu flatteuse sur laquelle je suis penchée et où j'ai effectivement l'air d'avoir grossi. Or, tout le monde sait que, dans cette position, on peut facilement avoir l'air d'avoir engraissé même sans avoir pris un gramme. Le corps humain est ainsi fait, pour l'amour du ciel !

« C'est de la foutaise, lui ai-je rétorqué. Vous aviez une photo peu flatteuse de moi et vous avez eu la méchanceté de vouloir la publier en disant que j'avais pris du poids. » J'ai alors décidé de lui parler franchement pour essayer de toucher ses cordes sensibles (en espérant qu'elle en ait) : « Écoutez, lui ai-je dit, beaucoup de gens ont perdu du poids grâce à moi et, s'ils voient cette photo, ça risque de les décourager. Ils vont penser que j'ai échoué et ils vont avoir peur que ça leur arrive. »

« Nous allons la publier avec ou sans vos commentaires, a-t-elle ajouté, alors aussi bien nous dire la vérité. » (La vérité dans les tabloïds ? Ha !)

« Savez-vous quoi, lui ai-je dit, prête à sortir de mes gonds, j'aimerais bien savoir si votre directeur photo apprécierait que j'aille le photographier chez lui, assis sur la toilette ? Je suis certaine qu'*il* serait un peu penché et qu'*il* aurait l'air d'avoir pris quatre ou cinq kilos, mais il faudrait bien qu'il fasse avec, n'est-ce pas ? »

« Je ne crois pas qu'il apprécierait, a répondu la reporter, mais je vous laisse mon numéro de téléphone, au cas où vous changeriez d'avis et aimeriez nous parler. » Et clic : une reporter du journal *The Enquirer* venait de *me* raccrocher au nez, *à moi* !

Une semaine plus tard, un homme s'est présenté à ma porte : « Êtes-vous Carnie Wilson ? Je la cherche. » Il s'agissait de toute évidence d'un autre reporter de tabloïd ; alors, je lui ai fermé la porte au nez.

✪

Un autre événement inusité s'est également produit récemment, lors d'un spectacle sur scène auquel je prenais part avec ma famille. J'avais décidé, pour l'occasion, de porter un vêtement qui ne cachait pas mes bras, ce que je n'avais pas fait depuis une éternité (du reste était-ce jamais arrivé ?). Mes bras ressemblent à ceux de tout le monde, sauf qu'ils sont encore légèrement flasques (en dépit de tous mes exercices et de ma chirurgie).

Quoi qu'il en soit, j'étais à l'arrière-scène de la salle Royce Hall du campus de l'université de la Californie à Los Angeles, en train d'examiner la robe soleil que j'avais achetée, et j'entendais la rebelle en moi qui disait : « Putain de merde ! mes épaules et mes bras sont tellement plus beaux qu'avant. La peau en dessous est encore un peu flasque, c'est vrai, mais qu'est-ce que ça peut bien faire ? J'ai le droit de montrer mes bras comme tout le monde. »

Ce soir-là, j'ai enfilé ma robe fourreau à bretelles et je me suis installée devant le miroir, les bras le long du corps, comme un garde à Buckingham Palace. Cette posture n'était pas avantageuse pour mes bras, mais je m'en balançais : tout le monde disait que j'étais splendide et que je n'avais pas à m'inquiéter.

Lorsque je me suis regardée de nouveau, j'ai trouvé que ma robe de style espagnol était magnifique et que mes longs cheveux blonds la mettaient encore plus en valeur. Je me sentais libérée, car je ne crois pas que personne (à part Rob et mes proches parents) ait vu mes bras dénudés depuis environ deux décennies, encore moins le public. J'ai donc décidé de me détendre et d'avoir du plaisir.

Le lendemain soir, je me suis vue à l'émission *Entertainment Tonight*.

« Oh non ! » me suis-je écriée. C'est vrai que ma robe et mes cheveux étaient vraiment beaux, mais je trouvais mes bras affreux. « Ils sont tellement gros et flasques », ai-je ajouté en grimaçant. Je dois avouer, cependant, que ce segment d'émission était très positif. D'une part, on y disait que ma chevelure était « super cool » et, d'autre part, on l'avait intitulé « Carnie s'en donne à cœur joie en blonde élancée ! *Élancée ?* Ah, que ce mot est doux à mon oreille !

Plutôt joyeuse, je me suis installée à l'ordinateur pour lire mes courriels. J'en avais justement reçu un de la part d'un gars avec qui je corresponds parfois.

Et voilà la police de l'obésité qui entre en scène !

Ça commençait par « Chère Carnie, je t'ai vue à l'émission *Entertainment Tonight* et j'ai trouvé que tu avais l'air beaucoup plus grosse que lors de ta dernière prestation à la télé. Bien sûr, tu es encore très belle, mais tu paraissais plus corpulente. »

J'ai senti une légère paranoïa s'emparer de moi. Pis encore, j'ai été parachutée dans ce coin de ma tête où vit encore l'ancienne

Carnie. J'ai recommencé à me sentir grosse, mais selon les critères de qui exactement ? Howard Stern ? Tout le monde sait qu'il préfère les femmes squelettiques. Ça me fait penser : l'autre jour, je me suis aperçue que mes jambes étaient plus minces à cause de tous les exercices de musculation que je fais maintenant. *Ce gars qui m'écrit ne pourrait-il pas voir à quoi ressemble mon corps maintenant ?* Puis, je me suis rendu compte qu'à moins de l'inviter à déjeuner chez moi le lendemain il ne verrait pas à quoi je ressemble.

« Ne sois pas si méchant », lui ai-je répondu, je m'entraîne sérieusement et je ne me suis jamais sentie si bien. »

Une heure plus tard, il me répond : « Eh bien, tu t'entraînes peut-être, mais ça ne m'a pas empêché de voir à quel point le dessous de tes bras était flasque. » Et de poursuivre comme pour s'excuser : « Mais ta chevelure était flamboyante. »

Assise à l'ordinateur, je me disais à quel point c'était injuste. Imaginez : vous arrivez à maigrir après deux ans d'efforts, et quelqu'un se permet de vous dire « Si vous voulez mon avis, vous avez encore l'air grosse. » J'étais complètement découragée et déprimée.

Pour finir, la revue *People* a publié la lettre d'une femme qui réagissait à un article paru récemment à mon sujet. Elle y écrivait qu'on m'avait offert « la minceur sur un plateau d'argent » et que je n'avais fait « aucun effort » pour y parvenir. J'ai lu cela dans un aéroport, alors que je devais prendre l'avion pour rentrer chez moi après une conférence dans un hôpital, et j'ai eu le goût de crier : « Quel mensonge ! »

Je devais réagir ; alors, j'ai cherché dans le bottin le numéro de téléphone de cette femme, qui vivait à Minneapolis, et je l'ai composé. J'ai laissé un message sur son répondeur (j'espère que c'était bien le sien), un message dans lequel je lui disais que sa lettre m'avait déplu et qu'elle ne savait pas de quoi elle parlait, car je n'avais jamais travaillé aussi fort de ma vie pour atteindre un but. J'ai ajouté que, depuis mon opération, chaque journée avait sa part de défi. Finalement, j'ai gentiment pris congé d'elle en lui souhaitant bonne chance.

Bon sang que cette femme m'a fait enrager ! J'avoue que j'ai encore beaucoup de mal à ne pas me laisser atteindre par le jugement des autres. Me voilà repartie à vouloir contrôler ce que les gens disent et pensent !

Il n'empêche que c'est *vraiment* étrange de voir combien de personnes se permettent maintenant de critiquer mon corps. Je me demande pourquoi quelqu'un ne m'a jamais écrit : « Continue, Carnie, tu travailles fort et les résultats sont là pour le prouver ! » En fait, c'est déjà arrivé : pourquoi alors suis-je obsédée par les remarques négatives ? Hum, je devrai sérieusement me pencher là-dessus...

Tant pis pour la police de l'obésité. Je suis prête à encaisser les coups, car j'ai vraiment envie de me faire connaître et de raconter mon histoire. Et puis je viens tout juste d'apprendre combien de personnes j'aide en agissant ainsi. J'ai toujours pensé qu'il y en avait beaucoup, mais j'étais loin de m'attendre à de tels chiffres... Pas moins de 55 % des Américains sont obèses... ce qui veut dire qu'une personne sur deux risque de réagir à ce que je raconte. Sans atteindre tout le monde, je crois que je fais quand même une différence.

Certains me demandent ce que je pense de la pertinence de publiciser une démarche comme la mienne. Un jour que j'accordais une interview à une charmante animatrice de radio du Tennessee du nom de Jane Ellen, celle-ci m'a dit qu'elle avait subi la même chirurgie que moi. Elle avait décidé non pas comme moi de tout dire au fur et à mesure par le biais d'Internet, mais d'en parler à ses auditeurs pour qu'ils la suivent de près. J'admire Jane Ellen d'avoir voulu montrer aux gens que n'importe qui peut recouvrer la santé.

« Carnie, m'a-t-elle demandé, que pensez-vous de la diffusion publique de ma démarche ? »

« Je pense que c'est formidable ! » lui ai-je répondu.

Dans des moments comme ceux-là, j'ai l'impression que la police de l'obésité m'a accordé une libération conditionnelle. Pour revenir au spectacle dont je parlais tout à l'heure, mon propre père n'a pas reconnu la fille dans la robe soleil avec son beau sourire et ses longs cheveux. Quand je l'ai aperçu qui marchait vers moi, j'ai bien vu qu'il risquait de ne pas me reconnaître, car *je* n'étais certainement pas la fille qu'il avait déjà connue. Lorsque nous avons été proches au point de pouvoir presque nous toucher, il s'est arrêté net, m'a regardée de nouveau, puis a demandé d'une voix incrédule : « Carnie ! C'est toi ? »

Je me suis retenue pour ne pas fondre en larmes (de joie).

Wendy est alors accourue et mon père nous a prises toutes les deux dans ses bras en disant : « Dieu du ciel ! Vous êtes tellement jolies : bien trop belles ! »

Quand j'étais plus grosse, ma mère me disait toujours que j'étais jolie, mais mon père s'inquiétait trop de ma santé pour me faire des compliments. Je suis restée à l'arrière-scène à me demander quand mon père m'avait dit pour la première fois que j'étais jolie, et j'ai fini par trouver.

C'était quelques mois avant ma chirurgie. Nous étions dans son jardin avec sa femme Melinda et mes deux petites sœurs Daria et Delanie, lorsque mon père, tout à fait hors contexte, m'a dit : « Mon Dieu, Carnie, tu as le plus joli visage que j'ai jamais vu. »

Il a dit ça avec beaucoup de spontanéité et d'amour. Ce n'était pas ma graisse qu'il voyait, mais mon âme. J'ai alors éprouvé quelque chose que je n'avais jamais encore tout à fait ressenti : l'approbation et l'amour indéfectibles de mon père.

Je me souviendrai toujours avec émotion de ce moment, car la cicatrisation des blessures qui me venaient de lui a pu commencer. Papa n'a jamais su cacher ses sentiments ; alors, on sait toujours ce qu'il pense. J'adore ce trait de caractère chez lui. Je devinais sa fierté ce jour-là, et il affichait la même fierté lors du spectacle en direct.

Le soir venu, je me suis dirigée vers Eric Clapton (qui jouait avec nous) et il m'a embrassée sur la joue. Jackson Browne a fait de même et m'a dit à quel point il me trouvait séduisante. Cependant, c'est la joie et l'admiration dans les yeux de mon père — qui n'arrêtait pas de me regarder de l'autre bout de la scène — qui m'ont vraiment donné des ailes. J'ai eu envie de l'entourer de mes bras nus et de rester ainsi pour l'éternité.

Chapitre *douze*

Les hommes, le sexe et le *poids*

*U*n jour, en entrant dans un restaurant de Los Angeles, je me suis aperçue que certains hommes m'examinaient du coin de l'œil. Je sais que plusieurs filles sont expertes en la matière mais, personnellement, j'étais en terrain vierge et je n'en menais pas large.

C'est alors qu'un type du genre GQ se met à me détailler de la tête aux pieds et que sa petite amie (une ravissante blonde à la taille de guêpe) se rapproche de son homme et lui jette le regard meurtrier que Jerry Hall réserve à Mick Jagger depuis des décennies. Les femmes savent de quoi je parle ici : on dirait deux rayons laser en train de percer un trou dans son pauvre petit crâne repentant. Ce qui me renversait, c'était de voir que cette déesse blonde dans son jean au ras du nombril était jalouse de moi ! de *moi* !

Quelques jours plus tard, une de mes amies m'a demandé : « Qu'est-ce que ça te fait de recevoir plus d'attention de la part des hommes ces temps-ci ? » Eh bien, la réponse est facile : j'adore ça ! Et c'est sans conséquences, car je suis mariée. Je ne suis pas sans savoir que c'est un sujet délicat pour les femmes qui ont perdu beaucoup de poids. Le fait de se sentir tellement plus séduisantes aux yeux des hommes risque de les mettre mal à l'aise, surtout si elles sont timides de nature et qu'elles n'aiment pas particulièrement l'attention (ce qui n'a jamais été mon problème !). Cependant, certaines femmes n'aiment pas le regard des hommes sur elles parce qu'elles ne se *sentent* pas minces. Elles se voient encore trop grosses et se demandent : « Pourquoi ces types me reluquent-ils ainsi ? Est-ce que c'est une mauvaise blague pour me faire du mal ?

Ma réponse est simple : si vous n'arrêtez pas de comparer votre nouveau corps à l'ancien, pas étonnant que vous soyez un peu mêlée. Que vous ayez perdu 1 ou 100 kilos, il est très important de vous regarder dans le miroir *maintenant* et de vous dire que vous êtes attirante.

Voici le genre de plainte que je reçois de femmes qui ne sont pas à l'aise dans leur nouveau corps : « Ben ne faisait pas grand cas de moi quand j'étais grosse mais, maintenant que j'habille cinq tailles plus petit, il ne me laisse pratiquement pas respirer. »

Ce à quoi je réponds généralement : « Il est normal que vous soyez un peu en colère et que vous ayez envie de dire « N'étais-je pas assez bonne pour toi avant ? » Cependant, il est aussi normal que votre conjoint réagisse au fait que vous paraissiez mieux qu'avant et que vous vous sentiez mieux dans votre peau. Ne vous vexez donc pas lorsqu'il vérifie la forme de vos fesses. »

Personnellement, mon poids n'a jamais été un obstacle à mes relations avec les hommes. J'ai toujours eu un petit ami et je ne me suis jamais sentie jugée à cause de mon poids. Et je suis loin d'être l'exception : plein de femmes souffrant d'un surplus de poids ont une vie sexuelle et sentimentale tout à fait riche. Tout ce que je sais, c'est que, lorsque je faisais l'amour, je ne pouvais supporter la vue de mon ventre qui pendait et qui caressait les jolis draps. Je m'arrête ici.

Je sais que je fais beaucoup d'humour, mais il faut comprendre que c'est pour cacher la douleur encore tapie au fond de moi. J'ai toujours été la plus grosse de ma classe : de la première année jusqu'à la fin du secondaire. On se moquait beaucoup de moi, tant les filles que les garçons, mais on ne peut pas dire que j'étais du genre à faire tapisserie et à me morfondre. J'étais très populaire et, au fil des ans, les moqueries se sont espacées, y compris de la part des garçons. D'ailleurs, j'ai toujours aimé sortir avec eux et je n'étais pas du genre à rester à la maison à m'ennuyer les vendredis et samedis soirs. Je me suis aussi rendu compte que nous, les femmes, avons une notion différente de ce qui est acceptable en matière de poids. Permettez-moi de traduire :

1. Problème : un derrière plus gros que la moyenne

- Point de vue de l'homme : « Un gros derrière, c'est absolument inacceptable, sauf chez une Afro-Américaine, ma mère ou Jennifer Lopez. »

- Point de vue de la femme : « Ce n'est pas grave si mon homme est un peu rembourré en arrière : il sera peut-être un peu plus prêt à accepter mon gros derrière. »

2. Problème : huit kilos de trop

- Point de vue de l'homme : « Elle est déjà un peu trop grosse ; je suppose que bientôt elle pèsera deux millions de kilos ? Je ferais mieux de déguerpir ! »

- Point de vue de la femme : « J'adore le type « gros nounours » chez les hommes. »

3. Problème : la saison des maillots de bain

- Point de vue de l'homme : « C'est ma saison préférée. On parle bien du spécial Maillots de bain du *Sports Illustrated*, n'est-ce pas ? »

- Point de vue de la femme : « Ah, quel cauchemar, est-ce que je peux rester à l'intérieur jusqu'au mois d'octobre ? »

4. Problème : coucher avec une grosse au joli minois ou un laideron au corps de déesse ?

- Point de vue de l'homme : « Donnez-moi le corps que je veux : je pourrai toujours y mettre le visage de Pamela Anderson. »

- Point de vue de la femme : « Donnez-moi un visage *et* un corps à mon goût, quoiqu'une belle personnalité, ce n'est pas mal non plus ! » (Ce qu'on est différents, quand même !)

Certains hommes cependant sont de vrais salauds quand il est question des femmes et de leur poids. Cela me rappelle ce qu'a vécu une de mes amies — elle fait 70 kilos (plus mince que la majorité des Américaines) et habille 12 ans — à l'occasion d'un rendez-vous surprise. Il s'agissait d'un professeur doté d'un bon sens de l'humour, qui avait su la charmer au téléphone. Ils s'étaient entendus pour aller prendre un café dans une librairie, suivi d'une séance de cinéma, 2,2 enfants (moyenne d'enfants par couple aux É.-U. d'Amérique) et d'un pavillon de banlieue.

Lorsque Casanova a fait son entrée au café-librairie, il s'est mis à la recherche d'une rouquine (signe distinctif sur lequel ils s'étaient entendus). Il a repéré mon amie, qui avait passé deux heures à se faire belle et avait téléphoné à pas moins de cinq copines pour leur demander ce qu'elle devait porter, sans parler des siècles passés devant le miroir à se coiffer. Oui, elle était plutôt excitée à l'idée de rencontrer cet homme.

Revenons sur la scène de leur première rencontre. Voilà notre professeur qui s'avance vers elle. Plutôt que de la saluer en lui serrant la main, il pose une main sur le haut de son bras et lui dit en serrant fort « Vous n'êtes pas mince, vous êtes moyenne », avant de finalement relâcher son emprise. Nous parlons ici d'un homme au ventre proéminent et au front dégarni, qui fait 1,6 mètre et empeste les anchois ! Sans compter qu'il portait un veston démodé couvert de pellicules !

Lorsque mon amie m'a appelée pour me raconter ce qui s'était passé, j'ai décidé de lui remonter le moral en lui disant que, si cet homme s'était emparé de *mon* bras dodu, je me serais empressée de lui toucher le coco et de lui dire avec mon plus beau sourire : « Énorme la cervelle ? Non, plutôt moyenne, je dirais. »

Ah ! les hommes.

Chapitre *treize*

Le *point* sur *l'exercice*

Bon, d'accord, vous sentiez déjà depuis un bon moment que j'allais vous en parler, alors j'y arrive. Vous ne le croirez pas, mais j'ai écrit tout un chapitre sur l'exercice ! Et détrompez-vous : c'est loin d'être ennuyant ! Je vous explique comment l'exercice m'a permis de faire le ménage dans ma tête. Alors, de grâce, déposez votre brioche et cessez de jalouser mon ventre plat.

Si quelqu'un avait eu le culot de me dire que l'exercice allait me sauver, j'aurais calmement empoigné un haltère et le lui aurais lancé par la tête. Voyez-vous, j'ai détesté l'exercice pendant des années et j'avais plusieurs bonnes raisons pour cela : que l'on pense seulement à la douleur, aux inconvénients et, bien entendu, à l'ennui que l'exercice génère. Cela ne m'a tout de même pas empêchée de marcher avec mon amie Lisa pendant des années, à raison de trois fois par semaine. Si seulement j'avais fait attention à ce que je mangeais, peut-être que ça aurait fonctionné. J'ai fini par jeter l'exercice par-dessus bord et j'ai continué à manger. Tu parles d'une stratégie !

Quelque chose d'autre m'éloignait de l'exercice : les slips tanga. Je détestais toutes les femmes qui se décoraient le derrière d'un instrument de torture de type soie dentaire et qui sautillaient de-ci de-là dans le gymnase, comme si elles passaient une audition pour *Riverdance*. J'ai souvent souhaité me changer en méchante marraine armée d'une seringue, prête à injecter de la graisse dans tous les petits derrières fermes qui se trémoussaient dans les gymnases de l'Amérique pour ensuite forcer ces mordues de gym à avaler des laits frappés pendant que je regarderais leur petit derrière se gonfler de cellulite.

Peut-être ferais-je mieux de me pencher sur ma haine des gymnases, qui au fait n'a rien à voir avec les accoutrements qu'on y trouve. Tout a commencé à l'école secondaire, pendant les cours de gym : je me sentais balourde, extrêmement gauche et faible. Je me demandais toujours si ma mère ne pourrait pas encore écrire une note au professeur pour dire que j'étais malade — à propos, combien de semaines par mois peuvent durer les règles ? Est-ce que trois et demie est plausible médicalement ? Je ne pense pas mais j'ai essayé de le faire croire.

Peut-on m'en blâmer ? Je n'avais sûrement pas le type sportif et on ne me choisissait jamais pour faire partie d'une équipe. En fait, j'avais l'habitude de me cacher derrière un gros chêne quand venait le temps de diviser le groupe en équipes. Mais l'horreur suprême, c'était quand le prof de gym décidait de nous tester à la barre de traction pour voir comment nous nous comparions aux normes états-uniennes en la matière. Imaginez... Connaissiez-vous l'existence de telles normes aux États-Unis ?

Pourquoi faire perdre son temps à tout le monde ? Il était évident que je n'arriverais jamais à me soulever assez pour toucher la barre de traction du menton, à moins d'un changement soudain dans la force gravitationnelle de la planète. Néanmoins, j'étais là avec mes doigts dodus autour de la barre, à essayer de me soulever ne serait-ce qu'une toute petite seconde à l'aide des muscles inexistants de mes bras, et je ne bougeais pas d'un iota… Je n'oublierai jamais Louanna (la fille de Lou) Rawls, qui pouvait non seulement se soulever jusqu'à toucher la barre du menton, mais aussi rester là une bonne minute chaque fois. C'était un autre de ses atouts. En plus d'être incroyablement belle, il fallait qu'elle soit aussi championne à la barre de traction !

Je me souviens encore de la sensation de coup de poing au plexus lorsque le prof de gym annonçait de sa voix tonitruante en secouant la tête : « Zéro fois, zéro lever à la barre. Inscrivez ça au dossier permanent de Carnie. » Charmant, n'est-ce pas ?

Même avec 68 kilos en moins sur ma charpente, je ne suis toujours pas une mordue de la gym. Oui, je sais que je suis supposée vous dire que la simple vue d'un tapis roulant me transporte de joie et que j'ai découvert la spiritualité dans ma propre sueur, mais ce n'est pas exactement le cas. Soyons un peu réalistes.

Quand j'ouvre l'œil le matin, pelotonnée sous mes couvertures dans un lit ultra-confortable et que j'envisage d'aller faire de l'exercice, je me mets soudain à penser au préposé qui viendra faire le relevé du compteur, aux chiens que je dois amener au salon de toilettage et à la vérification de mon solde en banque… toutes des choses qui ne peuvent être retardées. Attendez, est-ce Rob qui m'appelle ? Si oui, je ne peux sûrement pas aller faire de l'exercice quand mon mari a besoin de moi ! Vous voyez un peu ce que je veux dire ?

J'ai découvert des trucs qui fonctionnent quand on entreprend un programme d'exercices et qu'on a l'intention de le suivre un peu plus d'une semaine. Je crois que ça pourrait vous aider aussi.

Truc n° 1 : investissez dans des vêtements seyants. C'est tellement plus facile quand on porte un vêtement une taille trop petite qui nous force à rentrer le ventre. On peut dire que c'est motivant ! Croyez-moi, ça fonctionne. Si seulement je pouvais ressembler à ça quand je suis nue…

Truc n° 2 : allez au gymnase — ça ne vous fera pas mourir. Pendant des années, je me suis opposée à l'exercice parce que j'étais persuadée que je me blesserais et que je me sentirais encore plus mal. En vérité, j'avais déjà tellement de difficulté à marcher que je ne pouvais m'imaginer faire de l'exercice. J'avais peur de mettre encore davantage de pression sur mon dos et mes articulations. Les quelques fois où je suis allée marcher, j'ai eu mal, ce qui ne m'a pas déplu étant donné que ça me servait d'excuse pour cesser toute forme d'exercice. En réalité, lorsqu'on est lourd et qu'on fait des mouvements contrôlés sous la supervision d'un médecin (il faut que j'écrive ça pour que vous ne me poursuiviez pas en justice), on finit par venir à bout de sa douleur aussi bien physique que mentale. De plus, ça permet de prendre beaucoup de bains moussants pour se débarrasser de la transpiration, ce que je mets personnellement au chapitre des récompenses.

Truc n° 3 : bougez jusqu'à ce que vous ayez un « high ».
Quand j'entendais l'expression « avoir un high » en parlant de
l'exercice, j'avais l'habitude de croire qu'il y avait absorption de
substances illicites là-dessous, ou que ces mots sortaient tout droit
de la bouche d'une personne qui avait été prof de gym dans une
autre vie. En d'autres termes, je trouvais cela complètement
dingue. Un jour cependant, je, soussignée, Carnie Wilson, affirme
avoir vécu une expérience extraordinaire sur un tapis roulant
(quel endroit quand même !). J'avançais d'un pas rapide lorsque
je me suis mise soudainement à faire de minuscules pas de course.
Après quelques minutes, j'ai commencé à courir pour de vrai et
l'impensable s'est produit : c'était comme si une substance
chimique venait d'irriguer mon cerveau et j'ai soudain eu
l'impression d'avoir des ailes. « Ça alors ! ai-je pensé. Vive les
endorphines ! » (Maintenant que je sais que la course à pied n'est
pas trop bonne pour les organes internes, je fais de la marche de
santé. J'avoue avoir parfois du mal à résister à l'envie de courir :
quelle sensation, quand même, que ces endorphines !)

Je venais enfin de connaître le « rush » dont tous les fervents
adeptes de l'exercice parlent depuis une dizaine d'années, et
c'était formidable. Et puis, je brûlais 100 calories aux 10 minutes.
Le lendemain, j'avoue que j'ai eu envie de m'entraîner et que, par
la suite, j'ai développé une certaine dépendance à l'exercice.
Même si j'avais vécu 100 ans, je n'aurais jamais imaginé que ces
mots sortiraient de ma bouche. Maintenant, j'organise mes
journées en fonction de mes séances de gym, ce qui m'amène à
vous parler de mon prochain truc… Surtout ne me détestez pas
après l'avoir lu.

Truc nᵒ 4 : placez l'exercice en tête de liste, tout de suite après la paix dans le monde. En début de semaine, je consulte mon emploi du temps dans mon agenda électronique et je détermine pour chaque jour le moment où j'irai au gymnase. Je prends rendez-vous avec l'exercice, comme lorsque je vais au studio d'enregistrement ou chez le médecin. Comme la vie a le don de venir contrecarrer mes plans, j'ai prévenu mon agent et mes collègues que je ne suis pas libre avant d'avoir fait de l'exercice. Je me connais — si je commence à invoquer toutes sortes d'excuses, je vais rapidement m'écarter du chemin que je me suis tracé et plusieurs jours s'écouleront sans que j'aie fait d'exercice. Répétez après moi : faire de l'exercice, c'est mon travail. Je n'ai pas le choix : je dois aller travailler. Qui voudrait risquer de se faire licencier par son propre corps ?

Truc nᵒ 5 : faites la distinction entre prendre *du* poids et prendre *un* poids. Je parle bien sûr des poids et haltères qui servent à faire de la musculation. Si les femmes ont tendance à ne pas soulever de poids, c'est en fait parce que cette section du gymnase est généralement prise d'assaut par des colosses sans cou. Lorsque nous, les filles, osons nous en approcher, ils s'empressent d'évaluer la marchandise, devant comme derrière, et ne se gênent pas pour afficher un large sourire à la vue des minuscules poids que nous choisissons. Allez donc tous au diable ! C'est plus facile si vous entrez dans la salle de poids à deux : avec une amie par exemple (personnellement, mon mari m'accompagne). Ou encore allez-y en vitesse, prenez vos poids, et fuyez vers une partie du gymnase où les femmes se sentent plus à l'aise. Vous pouvez également acheter, à prix raisonnable, des poids et haltères que vous utiliserez à la maison, mais j'ai bien dit *utiliserez*. Ne vous en servez pas comme presse-papiers sur la pile de revues qui traîne dans votre chambre.

Je ne me suis jamais sentie aussi meurtrie que lorsque j'ai commencé à utiliser des poids, mais j'ai immédiatement vu des résultats, ce qui m'a encouragée à poursuivre. De plus, j'ai lu récemment dans une étude que la musculation permettait de brûler des graisses toute la journée. *Ça*, c'est le genre de découverte scientifique qui peut m'être utile.

Truc n° 6 : oui, vous avez le droit d'avoir des pensées meurtrières lorsque vous faites de l'exercice. Ne le dites surtout pas aux journaux à potins, mais j'ai eu envie d'assassiner le type qui a inventé les fentes. Je suis également d'avis que le sadique qui a inventé les flexions des genoux devrait être pendu et que son exécution devrait être diffusée sur les postes de téléréalité comme Oxygen et Lifetime : je sais que les cotes d'écoute atteindraient des niveaux records.

Lorsque j'ai commencé à m'entraîner sérieusement, j'ai retenu les services d'un entraîneur du nom de Richard Giorla. Ce dernier a essayé de m'expliquer l'importance des flexions des genoux : « C'est le meilleur moyen de réduire ton tour de cuisse et de raffermir tes fesses », m'a-t-il confié dans un souffle. Pour m'aider, il m'a conseillé de m'imaginer en train de m'asseoir sur la toilette.

« Le seul problème, ai-je répondu, c'est que, lorsque je vais à la toilette, je ne passe pas mon temps à m'asseoir et à me relever — même si j'ai oublié d'apporter le téléphone sans fil avec moi. »

Avec mon plus large sourire, je lui ai dit : « Tu peux te les mettre quelque part, tes fentes et tes flexions des genoux ! »

Son regard en a dit long sur sa façon de penser : j'étais une emmerdeuse. Faisant fi de mes protestations, il m'a informée que je devais exécuter environ 30 flexions des genoux et autant de fentes. Vous vous doutez bien que, le lendemain, je ne pouvais pas marcher. Après deux jours d'agonie, il m'a dit que tout se passait bien et que j'allais m'en sortir.

Merci, Richard, car tu avais raison. Je me suis découvert de nouveaux muscles aux jambes : je ne savais même pas qu'il y en avait autant.

Truc nᵒ 7 : repoussez vos propres limites. Je suis souvent allée au gymnase dans ma vie et je sais pertinemment que, si je n'obtenais pas de résultats, c'était en général ma faute. Je trouvais très facile de monter dans la voiture et de me rendre à quelques kilomètres de chez moi pour aller faire semblant de m'entraîner. Je pouvais faire un demi-relevé assis ou encore m'écrouler juste au moment où l'entraîneur me demandait d'en faire dix autres. Dès que le prof de cardio demandait à la classe d'aller courir autour du gymnase, j'avais comme par hasard besoin d'aller à la salle de bains et je réapparaissais 15 minutes plus tard. Or, je n'ai jamais réussi à tromper personne d'autre que moi.

Ces jours-ci, je me donne à 100 % lorsque je vais au gymnase. Je n'arrête que lorsque je crois honnêtement être rendue à bout. Je ne vais pas jusqu'à me blesser (voir le truc nᵒ 8 à ce sujet), mais j'ai beaucoup de plaisir à essayer de voir où se situe ma limite, et mon corps est souvent prêt à aller beaucoup plus loin que je ne l'aurais cru.

Truc nᵒ 8 : ne dépassez pas les limites du raisonnable. Il faut toujours écouter son corps, surtout les premiers temps. En effet, on est souvent si enthousiaste en commençant qu'on risque de s'abîmer la carrosserie de façon permanente. Lorsque j'ai commencé à faire les fentes, je me souviens que mon corps me criait : « Attention Carnie, ça fait mal ! Où as-tu donc la tête, pour l'amour ? Ça ne fait pas juste un petit peu mal, c'est carrément insupportable et je sens que je vais bientôt voir des étoiles. Plutôt mourir que d'endurer ça. » Je n'ai jamais pensé que la souffrance était utile ; alors, j'ai dit à Richard : « Mon corps dit " non " ». Il a compris et s'est empressé de me répondre qu'il y a toujours moyen de trouver d'autres mouvements qui font travailler le même groupe musculaire… Maintenant, lorsqu'il m'arrive à l'occasion de rouspéter, il se contente de secouer la tête et de marmonner entre les dents « Des excuses, encore des excuses… »

Cependant, n'hésitez pas à vous arrêter lorsque vous ressentez une vraie douleur. (Au début, je devais m'arrêter toutes les cinq minutes.) Je me suis effectivement blessée au genou en faisant ces damnées fentes. Ça a fini par guérir, mais j'ai eu un peu la frousse — alors, s'il vous plaît, modérez vos transports lorsque ça brûle trop.

Truc nᵒ 9 : parlez-vous. J'ai découvert que j'étais plus performante quand je m'encourageais moi-même à voix haute. Sur le tapis roulant, je scande le mot « mince » en marchant. Lorsque je fais des fléchissements des biceps avec des haltères de 3,5 kilos, je regarde mes bras et je me dis que je vais être super-belle dans un t-shirt cet été.

Richard m'a montré à isoler certains muscles pendant mes exercices et je ne me contente pas de les regarder dans ma tête ; je les encourage verbalement à développer leur plein potentiel.

Truc n° 10 : attendez-vous à des surprises. Je n'aurais jamais cru aimer un jour à ce point l'exercice… même s'il y a des fois où j'aimerais penser qu'on vient de découvrir un tout nouveau mouvement Pilates : se rouler en boule sur le divan. Au lieu de cela, je me lève et j'essaie de ne pas voir l'exercice comme une corvée. Rob et moi, nous nous motivons l'un l'autre. Il me dira, par exemple : « Allez, ma chérie, on y va. » Ou alors c'est moi qui lui lance : « Viens, on ne peut pas laisser tomber Richard ! »

J'ai appris qu'il faut accueillir pleinement l'exercice dans sa vie, je dirais même (eh oui !) qu'il faut l'aimer. Parfois, lorsque je m'entraîne, j'éclate soudain de rire. Richard et Rob me regardent alors, l'air de dire « Ça ne tourne pas rond, ma foi ! » J'ai alors envie de leur crier « Regardez ce que j'ai réussi à faire ! » et je ne peux m'empêcher de penser « Merci, mon Dieu, de me permettre d'être dans ce gymnase et merci pour les résultats ! » J'ai même arrêté de détester les filles minces dans leur slip tanga. Après tout, on ne peut quand même pas détester quelqu'un pour le corps qu'il a reçu à la naissance ou se moquer de son mauvais goût inné en matière de mode (hi ! hi !).

J'aimerais parfois que tous ceux qui ont dit que je m'en étais tirée facilement en optant pour la chirurgie me voient suer à grosses gouttes lorsque je m'entraîne. C'est facile de reporter l'exercice au lendemain ou de se dire qu'on va mieux manger à partir de lundi tout en regardant la chaîne « Alimentation » à la télé. Maintenant, j'ai le meilleur des deux mondes : je regarde la chaîne « Alimentation » pendant que je fais du tapis roulant !

Lorsque je soulève des poids, allongée sur un banc, j'ai du mal à croire que je suis vraiment la même que celle qui pesait plus de 168 kilos il y a à peine quelques années. Quand j'empoigne la barre avec mes mains, c'est un vrai mouvement « à la Rocky » que je fais. Mieux encore : quand je monte un escalier en courant, je suis *excitée* à l'idée de faire une course. Il va sans dire qu'il s'agit là d'un changement radical dans ma façon de penser. Avant de commencer à faire de l'exercice, il me suffisait de regarder un escalier pour paniquer. « Comment vais-je parvenir à gravir ces marches sans mourir avant d'arriver en haut ? Comment vais-je me débrouiller pour ne pas faire une crise cardiaque ? » Maintenant, quand je vois des escaliers, je pense : « Voilà une formidable machine à brûler les calories ! »

L'autre jour, j'ai fait *dix* remontées au menton. Tout un exploit, croyez-moi ! J'ai pensé : « Tu commences à être forte, ma fille ! »

Ce que j'essaie de dire, en fait, c'est que oui, bien sûr, j'ai du plaisir à m'entraîner, mais que plus que tout *j'adore* les résultats ! J'adore également voir mon corps changer. En fait, je me perçois un peu comme un morceau d'argile à modeler selon certains critères, et mes outils, c'est le gymnase qui me les fournit.

Il m'arrive encore de me regarder dans le miroir et d'apercevoir des parties de mon corps qui résistent à mes efforts. Je décide alors de bloquer leur vision dans mon cerveau et j'arrive à me faire une image différente de moi-même. L'autre jour, par exemple, en sortant de la douche, je me suis aperçue furtivement dans le miroir, de la taille en montant, et je n'ai pu m'empêcher de constater le découpage de mes muscles tant aux épaules que dans le haut des bras. Plus tard, en me penchant pour enfiler une jupe, j'ai surpris les muscles de mes cuisses en train de se gonfler sous ma peau. Je me suis évidemment sentie obligée de leur parler : « Vous savez, je suis vraiment fière de vous. »

Ceci m'amène à vous parler de mon programme d'exercices. Moi, ce qui me convient, c'est de marcher sur un tapis roulant pendant 40 minutes, trois à cinq jours par semaine. Les 13 premières minutes, je marche à une vitesse de 1,8 km/h (avec une inclinaison allant de zéro à deux pour cent, suivant que mes règles approchent ou non). Lorsque la sueur commence à couler, j'accélère un peu en passant à 1,9 km/h. Je ne me préoccupe pas trop de savoir exactement à quel moment changer de vitesse, je me contente simplement d'attendre que les endorphines se libèrent et que mon corps me dise : « À fond la caisse, bébé ! » (Ça aide aussi un peu d'avoir des écouteurs qui diffusent September de Earth, Wind & Fires : j'ai le diable au corps quand j'écoute ça.) L'important, c'est de ne pas se défoncer au point de tomber dans les pommes et d'en crever, mais « d'embrayer », comme dirait Richard : « C'est l'intensité de ta séance d'exercices qui compte, et puis le temps que tu y consacres ».

Je fais aussi des poids et haltères trois fois par semaine : un mélange de fléchissements des biceps et d'extensions des pectoraux, des bras et des jambes, comme préconisé dans la plupart des manuels de musculation. Et puis, une fois par semaine, je travaille séparément chaque groupe musculaire, des pieds à la tête, dans le cadre d'une séance d'exercices spéciale qui fait fureur en ce moment à Los Angeles et qui s'appelle « Cardio Barre ». C'est Richard qui a inventé ça et c'est génial parce qu'il n'y a pas d'impacts. On renforce et on étire les muscles, comme des danseurs de ballet, et on travaille même l'équilibre à une barre au mur. Croyez-le ou non, j'ai vu mon derrière remonter un peu à la suite de ces exercices. (Beaucoup de gens obtiennent des résultats similaires avec Pilates.)

Parlons un peu de ce que je vous ai dit concernant vos limites. Vous allez me répondre que c'est facile de repousser ses limites quand on a un *entraîneur* personnel, et c'est vrai. Poursuivez-moi en justice si vous voulez… mais vous pouvez être votre propre entraîneur et motivateur, ce que j'ai fait pendant les deux premières années qui ont suivi ma chirurgie. Richard ne cesse de me dire : « Tu es ici trois fois par semaine. Ce que tu fais le reste du temps, ça t'appartient. » Voilà un précepte que j'aimerais appliquer à tous les domaines de ma vie !

Quoi qu'il en soit, je commence à avoir un beau fessier et je vous jure que j'ai travaillé fort pour ça ! L'autre jour, j'ai porté un pantalon de spandex… en public ! Oui, je suis allée à l'épicerie vêtue d'un pantalon d'exercice, d'un petit haut stretch et… de mon plus beau sourire (voir le truc n° 1), et je me suis sentie tout à fait à l'aise — pas comme si je trimbalais toute l'île de Manhattan sur mon dos.

Évidemment, il a fallu que je surprenne mon image dans les portes vitrées de la section des surgelés et que je remarque, à part le fait que le brocoli était en solde, que mes bras étaient encore un peu flasques. Je suppose que l'on ne peut pas tout avoir.

Peu importe, je n'ai pu m'empêcher d'être fière de ce que je voyais.

Chapitre *quatorze*

Playboy
Partie I :
Poser ou
ne pas poser ?

Récemment, il m'est arrivé quelque chose d'incroyable : un certain magazine a passé un coup de fil à mon gérant, Mickey, qui s'est empressé de m'annoncer la nouvelle. « Carn, a-t-il dit, j'en ai une bonne à te raconter ; es-tu prête ? *Playboy* veut t'avoir. »

« Es-tu tombé sur la tête ? » ai-je vociféré. Tu racontes n'importe quoi ! »

« Pas du tout, a-t-il répondu. Peux-tu le croire ? »

Quand j'ai reçu cet appel-là, j'étais en tenue d'Ève, prête à aller sous la douche. Était-ce là un présage ? un présage *à la Playboy* ?

Mickey m'a expliqué que *Playboy* voulait prendre des photos de moi et publier une interview portant sur ma transformation. Comme d'habitude, je lui ai demandé ce qu'il en pensait et il a répondu : « De toute évidence, c'est un gros morceau ! L'impact sur ta carrière serait énorme et tu pourrais y trouver plusieurs avantages. Je pense que c'est une chance extraordinaire, mais que tu es maître de ta destinée et que ce n'est pas le genre de décision à prendre à la légère. »

Je lui ai rappelé que ça ne pouvait pas tomber plus mal, étant donné que je m'apprêtais à subir une chirurgie reconstructrice : « Dis-leur qu'il n'en est pas question avant ma chirurgie et la convalescence qui suivra. Je ne sais même pas de quoi j'aurai l'air après. »

Je *mourais d'envie* de raccrocher et de courir annoncer la nouvelle à Rob, qui travaillait dans son studio en arrière dans le jardin. Imaginez la scène : c'est une journée tout ce qu'il y a de plus ordinaire et mon tendre mari travaille tranquillement à sa musique quand tout à coup la porte s'ouvre brusquement, j'apparais, dans tous mes états, et lui lance : « Écoutes ça, tu n'en reviendras pas, mais *Playboy* veut que je pose pour le magazine, le croirais-tu ? »

Je n'ose imaginer la multitude de réactions auxquelles on peut s'attendre de la part d'un mari à qui sa femme annonce une telle nouvelle, mais le mien a dit : « Chouette alors, c'est merveilleux ! »

« Penses-tu que je devrais ? » lui ai-je demandé, même si je connaissais déjà la réponse.

« Absolument ! a-t-il dit. Combien de gens ont une telle chance dans la vie ? »

« Oui, mais j'ai peur », ai-je chuchoté.

Rob m'a pris la main, a plongé son regard dans le mien et m'a dit : « Il faut que tu le fasses. C'est une occasion formidable ! Tu es magnifique et tu ne devrais pas laisser passer cette chance. »

Vous dire que j'avais peur à en mourir serait trop faible. J'ai mis 120 jours pour prendre une décision, car j'ai dû réfléchir aux répercussions tant sur mon image que sur ma carrière. Il m'est arrivé de penser ceci : « Des tonnes de femmes ont posé pour Playboy et en ont retiré des bénéfices pour leur carrière. » Et deux minutes après, je me disais : « Est-ce que je ne pourrais pas y réfléchir pendant quelques années encore ? »

J'ai toujours été fascinée par le courage des femmes qui se déshabillent en public : ça prend une bonne dose de confiance en soi pour faire ça. Puis, je me suis mise à penser qu'il n'y avait rien de vulgaire ou d'obscène à poser pour *Playboy*. Je trouvais même que ça pouvait être très courageux de ma part, mais je ne pouvais passer à l'action avant d'avoir réellement l'impression que mon corps m'appartenait — étais-je prête ?

J'ai hésité pendant quatre mois. Un soir, j'ai été honnête envers moi-même et je me suis rendu compte que la vraie question que je me posais était de savoir ce que les gens allaient penser. Et ma famille, comment allait-elle réagir ? Et s'il fallait qu'un jour en allant faire le plein je vois un ado boutonneux s'approcher de moi et me dire sur un ton ringard : « Je t'ai vue dans *Playboy*… tu as un foutu beau cul, bébé ! » Est-ce que j'irais me pelotonner sur la banquette arrière ou si je lui donnerais le plus gros pourboire qu'il ait jamais reçu ? C'en était trop pour moi. Alors j'ai dit *non*.

À peine 24 heures plus tard, une pensée s'est imposée à moi alors que j'étais assise dans mon lit, et c'est là que j'ai pris ma décision une fois pour toutes : « Tu es du genre à prendre des risques, alors qu'est-ce que ça peut bien faire. Vas-y, ose ! » Il n'y a pas de plus gros défi, pour quelqu'un qui a déjà pesé 168 kilos, que de poser pour *Playboy*. C'était un peu comme de remporter un concours que j'aurais organisé moi-même. Alors, pourquoi ne pas célébrer et inviter tout le monde à fêter ? J'avais la nette impression que ça allait soit ruiner ma carrière, soit me propulser vers des sommets inégalés. Et puis non, l'enjeu allait bien au-delà de ma carrière — et je le savais.

Je venais de comprendre que je pouvais laisser tomber mes inhibitions — mon corps était *à moi*. Poser pour le magazine allait peut-être finir de me libérer complètement. Certaines femmes courent le marathon, d'autres escaladent des montagnes ou traversent l'océan en kayak, d'autres encore se jettent en bas d'un avion et puis viennent nous raconter comment elles ont survécu… J'allais, moi, me jeter en bas du précipice de mes peurs et poser nue pour *Playboy*.

À mon avis, on n'a pas d'autre choix que de prendre des risques si on veut passer au chapitre suivant dans le grand livre de notre vie. Et vous savez, ça m'a vraiment requinquée de penser à la façon dont j'aurais réagi si quelqu'un avait dit à la fille grosse, pauvre, triste et malade que j'étais qu'elle allait poser nue pour *Playboy* dans quelques années... Je crois que je me serais carrément évanouie.

Et puis, connaissez-vous quelqu'un d'autre qui a fait à la fois la page couverture de *BBW* (*Big Beautiful Women*) et de *Playboy* en moins de cinq ans ? Quelle ironie tout de même ! C'est formidable de penser que j'ai été un modèle pour les autres quand j'étais lourde et que je m'apprête à recommencer dans un contexte différent. J'arrivais même à m'insuffler du courage à moi-même ! C'est alors que j'ai appelé mon amie Leslie et que je lui ai dit : « Il n'y a pas si longtemps, je ne pouvais supporter mon propre reflet dans la glace et, maintenant, c'est complètement différent.

Peut-être que je suis *capable* après tout de poser pour *Playboy*. Sans compter que ce sera toute une anecdote à raconter à mes petits-enfants un jour. »

Et puis, j'ai appelé ma mère et lui ai dit : « La semaine prochaine, j'ai une audition pour un film, nous avons commencé à travailler à mon nouveau livre et, ah oui, à propos, je vais poser pour *Playboy*. Et toi, comment ça va aujourd'hui, maman ? »

Après quelques secondes, elle a dit en articulant lentement : « J'espère que tu obtiendras le rôle. Un nouveau livre ? Formidable ! Pourrais-tu répéter la troisième chose ? »

« Je vais poser pour *Playboy*, maman » ai-je dit avec fierté.

« Quoi ? » a-t-elle hurlé, au point que j'ai dû éloigner le combiné de mon oreille. « C'est une blague, n'est-ce pas ? Parce que sinon, eh bien tu dois sérieusement réfléchir, ma fille. À première vue, comme ça, j'aurais plutôt tendance à me méfier. »

J'ai pris une bonne respiration parce que j'avais vraiment besoin qu'elle comprenne le pourquoi de ma décision. « C'est un peu comme si ça me permettait d'en finir avec mon ancienne image, ai-je tenté d'expliquer. Ça va inspirer les femmes en leur montrant les belles choses qui peuvent leur arriver à elles aussi. » Je voulais désespérément qu'elle me donne sa bénédiction, mais j'ai fini par comprendre que ça n'avait pas d'importance, car c'est une décision qui m'appartenait en propre. Elle n'avait rien à redire à ça.

L'autre personne dont l'opinion comptait pour moi, c'était Rob. Un jour, je suis entrée dans le salon et lui ai demandé sur un ton tout à fait dégagé : « Chéri, veux-tu manger des burgers au poulet ce soir ? Ah, d'accord, nous mangeons au restaurant. Ah oui, à propos, on a jusqu'à demain seulement pour régler la facture de gaz, et j'ai finalement pris la décision de poser pour *Playboy*. Veux-tu que je réserve pour ce soir, ou préfères-tu le faire toi-même ? »

Étant donné qu'il n'existe pas sur terre de mari plus compréhensif et qui épaule mieux sa femme que Rob, il a répondu : « Vas-y, ma chérie, fais ce que tu veux. Je suis entièrement d'accord. » (Il est ensuite allé téléphoner au restaurant pour réserver. Quel homme !)

J'avais encore du mal à croire qu'il réagissait si bien à l'idée que sa femme allait montrer ses seins, et peut-être même davantage, en public — sans compter que notre famille, nos amis et le jeune homme de 18 ans qui nous loue des films chez Blockbuster risquaient aussi de me voir nue. Il s'est contenté de dire : « Je pense que c'est formidable. C'est une occasion qui risque de ne jamais se représenter. Peut-être que ça va t'aider à dissiper l'image bcbg que les gens ont de toi. »

Bcbg ? Moi ? Je savais que Rob était vraiment fier de moi, mais je me demandais quand même comment il réagirait à la sortie du magazine dans les kiosques à journaux. J'étais étonnée de son assurance et ne pouvais que l'en admirer davantage.

Rob a aussi un grand sens de l'humour. Au souper ce soir-là, il m'a dit pour me taquiner : « Es-tu certaine de vouloir manger cette purée de pommes de terre ? Pense à *Playboy*, ma chérie. » Je l'ai frappé avec le menu.

Après avoir pris la décision, j'ai appris que, lorsqu'on pose pour *Playboy*, il ne suffit pas de se présenter sur une plage venteuse des Bahamas et de laisser tomber sa robe dans le sable devant un photographe qui reçoit un cachet mirobolant. Non, ça commence par une séance d'essai et je vous jure que ça a été plus difficile que n'importe quelle audition à laquelle j'ai pu me présenter dans ma vie. C'est déjà assez éprouvant de se faire tester en blouse et en jupe — vous pouvez imaginer ce que c'était… nue. Et puis, j'ai dû me faire épiler en grand. Je comprends maintenant pourquoi ce genre de séance s'appelle « Épilation *Playboy* ». (Juste pour vous donner une idée, les filles, disons qu'ils ne vous laissent qu'une étroite bande d'atterrissage… Ça fait mal, mais ça en vaut vraiment la peine.) Simplement, je n'aurais jamais pensé qu'un jour je me le ferais faire pour *Playboy*.

De toute façon, il me fallait passer par là car, peu importe l'opinion des éditeurs de *Playboy*, c'est Hugh Hefner qui a le dernier mot et qui donne le feu vert. Une fois cette étape franchie, la véritable séance de pose peut commencer. (J'avoue que je suis arrivée à cette séance en me disant qu'au premier coup d'œil à mes photos Hugh allait s'écrier : « Vous êtes cinglés, ou quoi ? Qu'on me trouve vite une fille qui se prénomme Bambi. »)

En fait, j'ai annulé deux fois les séances d'essai parce que je n'avais pas assez confiance en mon corps. D'une part, je remettais mes séances de pose (j'avais l'impression de faire partie du programme de protection des témoins des *Bunnies* de *Playboy*) et, d'autre part, je n'arrêtais pas de demander à tout le monde si je devais ou non poser. Je suppose que j'aurais souhaité l'approbation de tous et une tape dans le dos… mais tout le monde n'a pas réagi de cette façon.

J'en ai discuté avec mon thérapeute, qui a été très encourageant. D'après Marc, le fait de poser pour *Playboy* pouvait être très libérateur pour moi. Cela indiquait que je n'avais plus honte de mon corps, que j'en étais même fière et que j'étais bien dans ma peau. Il m'a dit qu'il y aurait toujours des gens en faveur de ma décision et d'autres qui la critiqueraient mais que, fondamentalement, j'étais quelqu'un qui prenait des risques. À en juger par mon passé et par le fait que j'aie déjà divulgué des informations très personnelles à mon propre sujet, je serais selon lui assez forte pour défendre mes choix et surmonter les obstacles. « Tu sais, m'a-t-il rappelé, les gens te jugent déjà à l'heure qu'il est. »

J'ai téléphoné de nouveau à ma mère, qui était encore inquiète et dont la réaction me frustrait parce que j'aurais voulu l'entendre dire : « Je suis réellement fière de toi. C'est formidable. » Au lieu de cela, elle a dit : « Je suis persuadée que tu te trompes, que ça va te faire du tort et que tu le regretteras plus tard. »

En raccrochant, j'étais tellement frustrée que j'ai versé toutes les larmes de mon corps parce que, voyez-vous, ma mère m'a toujours appuyée en toutes circonstances. Plus tard, je l'ai rappelée et lui ai dit : « Je ne regretterai pas ces photos-là parce que je suis certaine que je serai belle. Et n'oublie pas que ce sont *eux* qui sont venus *me* chercher. Ce n'est pas comme si j'avais frappé à leur porte. Je considère que c'est une grande réussite personnelle. »

Maman a fini par admettre que j'avais raison sur ce dernier point. Elle n'avait pas changé d'avis sur le reste, mais elle avait toujours eu confiance en mon jugement et c'était réciproque. Elle me manifestait son désaccord et je ne pouvais rien faire d'autre que d'en prendre mon parti.

Ma sœur non plus n'était pas d'accord avec ma décision et elle a utilisé d'assez bons arguments pour me dissuader : « Les femmes qui posent nues le font pour attirer l'attention et se faire confirmer leur beauté. »

« Et alors ? lui ai-je répondu, n'est-ce pas ce que nous voulons toutes ? »

Wendy a acquiescé, mais sans grand enthousiasme. « Peut-être, a-t-elle dit, mais on n'est pas obligées de poser nues pour l'obtenir. » C'était une question de point de vue et il nous fallait arriver à respecter l'autre dans sa différence.

Owen, l'une de mes meilleures amies, m'a dit : « Ça m'inquiète que tu aies décidé de poser pour *Playboy* : je ne crois pas que ce soit une très bonne affaire. »

Je lui ai rappelé que l'idée de me dénuder en public ne datait pas d'hier. « Te souviens-tu quand on était jeunes, j'avais l'habitude de montrer mes seins et mes fesses aux copains ? Je recherchais leur approbation, même si je savais qu'ils ne s'intéressaient pas à mon corps parce que j'étais grosse. C'était ma façon de leur dire : « Je suis jolie, moi aussi. » Je savais qu'ils aimaient ma personnalité et mon ouverture par rapport à la sexualité, mais je n'ai jamais eu l'impression qu'ils m'acceptaient. Alors, oui, ce serait bien de me sentir acceptée aujourd'hui, mais ce serait surtout bien de me sentir libérée. »

Owen m'a dit que ça avait du sens.

« Tu sais, ai-je poursuivi, jamais de toute ma vie je ne me suis sentie aussi bien dans ma peau. J'ai même dit à Rob que j'en avais marre de vivre sous la bannière *Ne me regardez pas*. J'ai *envie* qu'on me voit maintenant. »

Et puis, lorsque j'aurai 96 ans et que mes seins toucheront pratiquement par terre, ce sera chouette d'avoir quelque part dans un tiroir des photos de moi parues dans *Playboy*. Ne serait-ce pas là le souvenir par excellence pour me rappeler le bon vieux temps ?

Ne serait-ce pas aussi le plus beau « va te faire foutre » lancé à la tête de tous ceux qui m'ont traitée de « grosse vache ». Je savais que des tas de gens réagiraient, mais je m'en balançais éperdument. Ce serait ma façon de dire aux femmes qu'elles peuvent totalement modifier leur corps, être à leur meilleur et puis faire un pied de nez à leurs détracteurs.

Bien avant d'arrêter une date pour la séance d'essai, j'ai pris un repas avec Marilyn Grabowski, alors chef principale de la section photo chez *Playboy*. Marilyn travaillait au magazine depuis 40 ans et c'était elle qui, fascinée par mon histoire, avait eu l'idée de me demander de poser. Elle m'a dit : « Carnie, je suis simplement touchée par tout ce que tu as vécu. Et puis, j'adore ton visage. »

Nous avons passé un excellent moment ensemble. Nous avons parlé de l'image du corps et de la vision qu'en ont les hommes. Nous avons aussi discuté de la façon dont je voyais la nudité — je ne voulais pas titiller (ou alors si peu !), mais inspirer.

Quelque chose d'autre me taraudait : « Marilyn, lui ai-je dit, je ne veux pas rabaisser le magazine, mais je sais que, pour les photos, vous avez l'habitude de couvrir les cicatrices, les vergetures et les boutons. Alors, je veux que tu saches que ma chirurgie m'a laissé une énorme cicatrice sur le ventre. Et puis j'ai 34 ans : je ne peux pas être aussi ferme et jolie qu'une fille de 20 ans. Nous sommes loin de la perfection ici. »

Elle a répondu : « Carnie, je fais ça à longueur de journée. J'en ai vu de toutes les sortes. Il faut que tu me fasses confiance. »

C'est alors que je l'ai entraînée dans la salle de bains et que j'ai baissé mon pantalon pour lui montrer mon ventre et mes seins, qui venaient d'être remodelés par la chirurgie plastique quelques mois auparavant.

Elle a jeté un rapide coup d'œil et m'a dit : « Tu as certainement besoin de plus de temps pour guérir, et puis tu dois perdre quatre ou cinq kilos. Mais, a-t-elle ajouté dans un grand sourire, ne te fais pas de souci : tu seras magnifique. » Dieu la bénisse ! Lorsque je suis sortie de cette rencontre, j'étais motivée et je me suis senti pousser des ailes !

J'ai fini par fixer une date pour la séance d'essai et je me suis entraînée comme une diablesse. Vous savez à quel point on peut être motivée d'aller au gymnase quand on a un nouvel amoureux ? Eh bien, à l'idée de poser pour *Playboy*, je me suis transformée en une version féminine d'Arnold Schwarzenegger. Je me suis entraînée tous les jours pendant six mois. On m'appelait « Wilsueur » au lieu de Wilson. Au gymnase, je suis devenue d'une grande intransigeance, mais… j'ai continué à manger et à boire plus que je ne l'aurais dû. Toute cette affaire me rendait plus nerveuse que jamais et, comme vous le savez, j'ai tendance à utiliser la nourriture pour m'apaiser. Eh oui…

Vous avouerez qu'il y avait quand même de quoi s'énerver ! On m'avait dit qu'il se vendait en moyenne trois millions et demi d'exemplaires par mois de chaque numéro et que le troisième record de vente appartenait à un numéro consacré aux problèmes de poids. Rien qu'à penser à toutes ces personnes qui me verraient nue, c'était suffisant pour que j'aie envie de me jeter sur les hydrates de carbone et de tout planter là. J'ai néanmoins réussi à calmer mon appétit et à poursuivre mon entraînement. Les résultats ont été époustouflants. Mon corps est devenu plus ferme et plus modelé que jamais. Pourquoi ne m'a-t-on jamais dit que, pour perdre les derniers quatre ou cinq kilos récalcitrants, il suffisait de promettre de poser nue pour *Playboy* ? Si jamais ça se savait, ma voisine risquerait d'être Miss Octobre.

Quant à moi, j'étais Miss Nerveuse.

La séance d'essai

Je suis arrivée tôt le matin, en compagnie de mon bon ami Daniel Combs, qui m'a fait un magnifique maquillage couleur prune mettant admirablement en valeur les extensions de cheveux blond doré posées par mon amie Tiara Jenkins. Tous les deux méritaient un peu de publicité, car ce sont des as. Daniel m'a vaporisé tout le corps d'un nuage de base à maquillage couleur bisque Fred Segal afin de camoufler mes cicatrices. J'avais encore peur qu'elles paraissent, mais j'étais encore plus inquiète en pensant aux poses sexy que le photographe allait sûrement me faire prendre.

Pour préserver ma santé mentale (et la sienne), Rob est resté tranquillement à la maison. Il n'a malheureusement pas pu serrer la main à Steve Wayda, le photographe qui a fait la séance d'essai et un gars qui sait exactement quoi faire pour mettre une fille à l'aise. « Tu es ravissante ! m'a-t-il dit en entrant dans le studio. Voyons maintenant ce que tu pourrais porter. »

Il m'a ensuite tendu un grand verre de vin (Dieu merci !). « On m'a dit d'acheter le merlot le plus cher que je pouvais trouver », m'a-t-il expliqué en riant.

« J'espère qu'il y en a au moins 100 bouteilles », ai-je blagué. Après quelques gorgées, j'ai vraiment commencé à me détendre — un peu plus et je me mettais à ronronner comme un chaton. J'ai commencé à me sentir très sensuelle, au point que j'aurais bien aimé que Rob arrête au studio pour une petite passe rapide... Oh là là !

De toute façon, je n'avais pas assez de temps pour ça : on me réclamait sur le plateau. En entrant, j'ai aperçu un gros traîneau de bois recouvert de magnifiques draps blancs et de beaux oreillers moelleux — le genre de lit qu'on voudrait pour sa lune de miel. J'ai regardé tout le monde autour de moi, c'est-à-dire : mon amie Katrina ; deux éclairagistes ; Gretchen, la styliste ; Daniel et son assistante Sarah ; Steve, le photographe ; et Marilyn.

J'ai pris une grande respiration et j'ai demandé qu'on mette un disque de Sade pour m'aiguiser un peu les sens. J'ai d'abord revêtu un déshabillé en voile rose (oui, je l'avoue, il était entièrement transparent) aux fines bretelles ornées de fleurs, par-dessus lequel j'ai enfilé un élégant peignoir de satin couleur aubergine.

Steve m'a demandé de m'allonger sur le lit, de me tourner sur le côté et de me pencher vers l'avant pour qu'il puisse prendre des photos de mon décolleté plongeant. Quelques minutes plus tard, les épreuves Polaroïd étaient prêtes et Steve me les montrait. « Regarde-moi ça », m'a-t-il dit.

J'ai failli m'évanouir en voyant à quel point elles me mettaient en valeur. De splendides photos ! L'éclairage était réussi, mes

cheveux impeccables, mon maquillage fabuleux, et ma poitrine…
à la mesure du talent de mon excellent chirurgien plasticien.

« Maintenant, tu vas enlever ton peignoir », m'a dit Steve.

Mon cœur battait à tout rompre lorsque j'ai dénudé la première épaule. « J'espère que je serai belle, sinon Howard Stern va m'arracher la tête ! », me suis-je esclaffée.

« Maintenant, montre-moi ton sein », de poursuivre Steve.

J'ai pris une grande respiration et je l'ai fait. Comme par magie, je me suis détendue et j'ai laissé tombé mes inhibitions et mes peurs. Dès que l'air a touché ma peau, je me suis sentie tout excitée. Steve s'est dépêché de me faire changer de position avant que je ne me ressaisisse. J'ai retiré le peignoir, me suis agenouillée, les poings bien serrés contre mon ventre, et j'ai montré mes deux seins.

Steve a pris plusieurs clichés, puis m'a demandé de tout enlever. C'était la minute de vérité et j'avoue que j'ai eu un peu peur. Cependant, j'ai avalé ma salive, me suis déshabillée et suis montée sur le lit — en mettant un gros oreiller contre mon ventre. J'entendais Katrina pleurer doucement au loin. Elle semblait tellement fière, probablement parce qu'elle aussi avait déjà perdu plus de 68 kilos.

Lorsque Daniel est venu placer mes cheveux, il m'a chuchoté à l'oreille : Ça y est, on l'a ! Attends de voir les photos ! »

Cette fois, c'était vrai ! J'étais tellement fière de moi que j'ai commencé à pleurer un peu, ce qui n'a pas aidé le maquillage… Je me suis assise et j'ai demandé : « Vous souvenez-vous de quoi j'avais l'air il y a quelques années ? »

Tout le monde s'est tu, et finalement, Steve a dit : « Ah oui, moi je m'en souviens ! »

Pour détendre les gens, j'ai décidé de les faire rire. Je venais de m'apercevoir que la corde de mon tampon me chatouillait la cuisse — on ne m'avait pas mise en garde contre ça sur la boîte de tampons ! Alors, j'ai dit : « Dites-moi au moins qu'on ne voit pas la corde qui dépasse de mon tampon ! »

Et tout le monde s'est tordu de rire. Une fille qui a ses règles dans *Playboy* — si ça a du sens !

De retour dans la salle d'habillage, Marilyn m'a fait une grosse accolade et m'a dit : « Je t'avais prévenue que cette expérience changerait ta vie. » Elle m'a ensuite expliqué que, même si elle trouvait les photos fantastiques, il fallait les envoyer au bureau de Chicago, qui les ferait approuver par Hugh.

Je me suis mise à craindre qu'il les rejette. Après tout, beaucoup de filles font des séances d'essai et ne sont pas acceptées. Je me disais qu'à tout le moins j'aurais la satisfaction d'avoir essayé et qu'il me resterait les photos… parmi les meilleures qu'on ait jamais prises de moi.

J'ai demandé à Steve comment il les trouvait et s'il pensait qu'elles seraient acceptées.

« Je pense que oui, m'a-t-il répondu, mais nous devons attendre de voir ce qu'ils en pensent à Chicago. Si j'étais toi, je ne m'inquiéterais pas. »

« J'ai commencé à danser autour de la salle en chantant « Ça y est ! Ça y est ! Ça y est ! »

J'ai attendu la réponse pendant une semaine tout en essayant de m'enlever *Playboy* de la tête, ce qui n'était pas facile. Finalement, Mickey ma appelée alors que j'étais sur le tapis roulant et il a dit : « Félicitations, ma chère, tu es une Playmate. »

Je suis restée bouche bée pendant quelques minutes. Il a ajouté : « Carnie, je suis vraiment fier de toi. Tu m'épates, tu sais. Tu verras, ce sera formidable ! » Mickey, c'est le meilleur — il veille sur moi depuis le premier jour.

Évidemment, je brûlais d'envie de le dire à la personne qui compte le plus pour moi parce que sa réaction m'importait plus que tout.

Lorsque je suis rentrée à la maison avec mes photos d'essai, Rob m'a dit qu'il les aimait beaucoup, mais j'ai discerné un soupçon de peur dans ses yeux. C'est presque comme si j'avais entendu : « *Oh, mon Dieu, ça c'est ma femme, on pourra la voir nue dans* Playboy *et je ne rêve pas.* » Rob n'est pas du genre jaloux, mais j'avoue qu'il lui a fallu deux bonnes heures pour digérer tout cela, même s'il s'efforçait de ne pas laisser paraître son trouble.

Quand Mickey a appelé, Rob dormait. Alors, j'ai doucement frotté le bras de mon mari en annonçant : « Hé, Monsieur l'endormi, votre femme est une Playmate. »

Il m'a serrée fort et m'a dit : « Félicitations, ma chérie, je suis très fier de toi. »

« J'ai pensé à toi constamment pendant les photos, lui ai-je répondu. Tu sais, c'est grâce à toi, mon amour, si je ne me suis jamais sentie aussi jolie et sexy ; et puis, ça se voit sur mon visage. J'ai même murmuré à quelques reprises « Rob, Rob, Rob... » »

Il a souri et m'a dit : « Tu as réussi, bébé ! » Une fraction de seconde plus tard, il m'a demandé : « Qui était dans la pièce avec toi, m'as-tu dit, lorsque tu as posé ? »

« Oh, chéri, il n'y avait que le photographe, ses deux adjoints, deux éclairagistes, deux habilleuses, Daniel, Sarah, Katrina et — »

« Arrête ! m'a-t-il interrompue. Je ne veux pas savoir qui d'autre ! »

Chapitre *quinze*

Playboy Partie II : Suis-je la seule à sentir un courant d'air ?

$\mathcal{S}$i vous vous êtes déjà demandé comment se déroule une séance photo pour *Playboy*, eh bien laissez-moi tout vous dévoiler — le jeu de mots est voulu… Figurez-vous que j'ai pris des notes pendant les quatre jours où je suis restée les fesses à l'air à grelotter dans un studio glacial, en me demandant si j'étais encore gonflée d'avoir mangé de la pizza trois mois plus tôt, si c'était là un bouton en train de se former, si l'oreiller serait assez grand pour cacher ce que ma mère ne pourrait voir sans s'évanouir, etc. Vais-je cesser un jour de m'inquiéter ? Bon, allons-y…

9 H, LA VEILLE DE LA SÉANCE DE POSE : Quand j'étais petite, ma mère ne m'a jamais fait asseoir pour m'expliquer comment me comporter la veille d'une séance de pose officielle pour *Playboy*. Cela explique sûrement pourquoi j'ai royalement emmerdé tout le monde autour de moi. On pourrait appeler cela le « Syndrome *Playboy* Mañana » (S.P.M.) ! J'ai prié, fait les cent pas et essayé d'engueuler quiconque entrait dans mon champ de vision. Quelqu'un m'a suggéré de manger quelques noix… Imaginez la pétarade pendant la séance de pose !

MIDI : « Occupe-toi », m'a conseillé mon amie Katrina, mais je ne pouvais pas cesser de penser à mes cheveux, à mon maquillage, à mes cuisses, alouette ! J'ai finalement accepté de la rencontrer au seul endroit qui convienne à une fille la veille de sa séance de pose pour *Playboy* — non, pas chez Hugh : chez Victoria's Secret.

Pendant qu'on essayait toutes les deux divers bouts de chiffons et de dentelles — l'un des plaisirs les plus féminins que l'on puisse s'offrir —, je me disais que ça allait m'aider à me sentir plus à l'aise le lendemain dans la lingerie fine prévue pour la séance de pose. On se sent tout de suite chatte dans de la lingerie et on sait l'effet qu'on peut produire sur notre partenaire. Nous avons donc essayé toute une panoplie de porte-jarretelles, de bustiers et d'ensembles soutien-gorge et slip, tout en nous efforçant de ne pas faire de bruit. Il ne fallait surtout pas qu'on nous entende prononcer le mot « *Playboy* » — ça devait rester secret encore un certain temps.

Au bout du cinquantième ensemble, j'étais épuisée, mais ce que j'ai rapporté à la maison était magnifique, et je dois dire que Rob en a bénéficié tout autant que moi. Son sourire en disait long…

EN SOIRÉE : Rob et moi avons fait l'amour, puis je n'ai presque pas fermé l'œil de la nuit. On ferait de l'insomnie à moins…

7 H, LE PREMIER JOUR : Lorsque le réveil a sonné, j'étais encore dans un rêve. Je me voyais poser, comme Cindy Crawford, sur la plage, sous une chute d'eau (qui, comme par hasard, cachait les endroits intimes), ainsi que dans un champ de tournesols en Italie. Et puis je me suis souvenue de ce que Marilyn m'avait dit : « Carnie, rien n'est plus beau qu'un éclairage studio projeté sur un décor de chambre à coucher. » Comme elle est loin d'être sotte, j'ai décidé de lui faire confiance.

J'ai remarqué en arrivant au studio qu'on avait été assez gentil pour me commander un petit-déjeuner. J'ai cru avoir la berlue : était-ce bien là de la nourriture ? Dans le studio de *Playboy* ? J'ai avalé une bouchée de l'omelette au fromage avec bacon, et j'ai prié pour que ça ne me fasse pas gonfler.

8 H À 14 H : Daniel, mon génie du maquillage et de la coiffure, aidé de son adjointe Sarah, a passé *six heures* à me préparer pour les photos ! Cependant, ça valait vraiment le coup, car je ne pouvais m'empêcher de me sentir comme une princesse chaque fois que je me regardais dans le miroir. Le résultat était réellement éblouissant ! Mon fard à paupières ambre et mes longues boucles dorées me donnaient l'air d'une héroïne de Disney qui se serait trompée d'histoire.

14 H 10 : Finalement, après tout ce bichonnage, je suis arrivée sur le plateau qu'on avait construit seulement pour moi dans ce qui ressemblait à un immense entrepôt. Cela m'a rappelé les plateaux sur lesquels j'avais déjà tourné des vidéoclips, sauf que celui-ci avait été transformé en véritable château médiéval avec des fauteuils et des divans de velours, de vieilles peintures, des arches et même un escalier !

J'étais réellement impressionnée, car je me trouvais devant la réalisation d'un de mes plus grands fantasmes. Et, pour couronner le tout, on m'a fait entrer dans un corset superajusté.

Marilyn est venue voir le résultat et m'a demandé : « Peux-tu serrer encore un peu ? »

« Tu veux que j'arrête de respirer ? » ai-je rétorqué sur un ton humoristique.

« Fais-moi confiance, chérie, je sais ce que je fais », m'a-t-elle répondu.

Alors j'ai vraiment rentré le ventre, je me suis sanglée, puis j'ai regardé dans le miroir : à partir de ce moment-là, je n'ai plus jamais douté de la pertinence du jugement de Marylin.

Cela m'a rappelé les débuts de Wilson Phillips, alors que je pesais environ 115 kilos et que nous faisions un vidéoclip. On m'avait mise dans un corset suffocant pour essayer de cacher mes rondeurs et créer une illusion de taille alors que, maintenant, il n'y avait *rien* à cacher car j'étais ravissante. Et si *moi* je dis que j'étais ravissante, vous pouvez me croire !

15 h : J'allais enfin commencer à poser et, allez donc savoir pourquoi, je n'étais pas si nerveuse que ça. Dès que le moindre doute se lisait sur mon visage, quelqu'un me rassurait en disant : « Ne t'en fais pas, tu seras ravissante. Tout le monde ici connaît son métier. Pour nous, c'est une journée de travail typique, rien de plus. »

J'ai ri en pensant que ces gens-là entament leur journée — petit-déjeuner, tétons, etc. — comme d'autres poinçonnent à l'usine ou au bureau.

16 h : J'ai commencé à penser aux autres femmes qui ont posé pour *Playboy* et à leurs corps parfaits. Je n'ai pas pu m'en empêcher, car les murs du studio étaient tapissés de photos *grandeur nature* de Playmates aux jambes interminables et aux ventres plats et musclés. C'était terriblement intimidant. Je détestais leurs abdominaux et leurs bras parfaits. Pour me consoler, je me suis mise à penser qu'elles devaient être vaches avec tout le monde et n'avoir aucun ami. Et puis j'ai remarqué une vergeture sur la jambe d'Anna Nicole Smith et je n'ai pu m'empêcher de m'en réjouir en secret. Merci, mon Dieu !

J'ai pensé que mon corps était bien imparfait et que je ne ressemblerais jamais à aucune de ces femmes. Puis, j'ai jeté un coup d'œil dans l'un des millions de miroirs qui m'entouraient et j'ai eu une surprise : la fille que j'apercevais était fière, enthousiaste, enjouée et sûre d'elle. Quelle différence avec celle que j'avais été presque toute ma vie ! Je me suis trouvée drôlement chanceuse de vivre ce fantasme et me suis dit : « Ne sois pas négative ! Tu en mets plein la vue ! N'oublie pas que c'est **eux** qui t'ont appelée. »

18 h : De retour sur le plateau, j'ai dû me contorsionner pour prendre des poses parfois douloureuses. Pendant que je faisais semblant de travailler au Cirque du Soleil, je pensais à Rob et ça me donnait envie de le séduire. Je songeais également à toutes ces femmes qui veulent quelque chose et qui ne font pas ce qu'il faut pour l'obtenir. Moi, *je faisais* ce qu'il fallait et j'en étais très fière.

« J'offre ceci aux femmes du monde entier qui se sont distinguées d'une façon ou d'une autre, ai-je dit aux membres de l'équipe. Et puis aussi, ça va payer certains comptes pendant quelques années encore ! »

19 h : Il est difficile d'imaginer le temps qu'il faut pour préparer une grosse séance de pose — même si vous avez 18 ans et que votre visage est aussi frais et velouté qu'une rose au matin. Il fallait constamment retoucher mon maquillage afin de conserver à ma peau son éclat et son uniformité, et pas seulement sur le visage si vous voyez ce que je veux dire. Comment pouvez-vous vous sentir à l'aise quand quelqu'un d'autre que votre partenaire principal(e) vous frotte le derrière de haut en bas, ainsi que l'intérieur des cuisses, à quelques centimètres de votre petite chatte. J'ai essayé de faire comme si de rien n'était lorsque Daniel a commencé à faire des retouches à l'intérieur de mes cuisses, mais je suis si chatouilleuse que j'ai fini par me tordre de rire, ce qui l'a fait rire aussi. Ah, que j'ai aimé cette journée !

J'ai moins aimé rester assise dans la chaise de maquillage pendant des heures lors des changements de décor. J'en avais le derrière tout engourdi : si je bougeais à droite, j'avais mal ; à gauche, je me mettais à gémir comme une petite vieille. Ah, les joies d'une Playmate !

Sans compter que Mickey, mon gérant, a eu la brillante idée de me faire suivre par une équipe de caméramans entre les séances de pose. Certaines scènes ont été époustouflantes ; d'autres, complètement hilarantes. J'étais tellement détendue : je n'en reviens pas ! Tous ces gens qui me regardaient à poil et j'étais *tout à fait* à l'aise ! Vraiment, c'était beaucoup plus facile et relax que je ne l'aurais cru.

8 H, LE DEUXIÈME JOUR : On m'avait prévenue que cette journée serait la plus « exigeante » de toutes. Allait-on me demander de poser et de résoudre une équation d'algèbre en même temps ? Or, ce qui m'attendait était pire encore : Steve, le photographe, m'a demandé de me tenir sur le bout des orteils sous une arche en vieilles pierres, de cambrer le dos et de tourner mes hanches vers lui. Je me sentais comme une contorsionniste et on me demandait d'avoir l'air détendue et sexy ! Eh bien, croyez-le ou non, lorsque j'ai enfin réussi à prendre la pose, je me suis réellement sentie sexy ! J'avais l'impression que de fines gouttelettes de plaisir et d'adrénaline parcouraient tout mon corps.

« Détends-toi, Carnie, m'a dit Steve, contente-toi de te mettre dans l'ambiance et de bien sentir ton corps. Laisse ton esprit vagabonder. »

Je me suis instantanément transportée à Maui avec Rob, devant un coucher de soleil sur la plage (baisers, baisers, baisers…) Je me sentais femme et j'avais réellement l'impression d'être belle, un peu comme une déesse. Je ne m'étais jamais sentie aussi irrésistible.

11 H : « Les gens n'en reviendront pas quand ils verront les photos », ai-je dit à Steve, qui me montrait quelques polaroïds. Les photos étaient belles, sexy, romantiques et classiques à la fois. En fait, elles étaient super ! Toutes les filles rêvent d'avoir un jour en leur possession de magnifiques photos d'elles-mêmes. Cependant, lorsque j'ai réalisé que ces photos n'étaient pas destinées seulement à Rob et à moi, mais à *tout le monde*, je me suis mise à faire un peu d'hyperventilation. Cela n'a pas duré, cependant, car je n'étais pas seulement nerveuse : j'étais excitée aussi !

« Qu'en penses-tu, Carnie ? m'a dit Steve. Arrives-tu à croire que c'est toi ? »

Tout ce que j'ai pu répondre, c'est « Ahhh ! » car je me sentais à la fois excitée, hystérique et craintive. J'étais extrêmement fière des résultats obtenus grâce à l'entraînement physique. Bien sûr, les photos allaient être retouchées, puisque c'est le cas même pour un corps parfait. Or, j'avais en main des photos polaroïds *non retouchées* et j'aurais été fière de les montrer à n'importe qui. J'étais sidérée de constater à quel point mon corps paraissait beau. Mais qui donc était *cette fille-là* ?

Et puis, qui aurait dit qu'un jour je célébrerais mon corps ? J'ai commencé à me sentir très honorée que *Playboy* ait voulu de moi. Dans un élan du cœur, j'ai virtuellement serré Marilyn Grabowski dans mes bras. ♥

22 h : Je me suis effondrée sur mon lit, mais j'avais le diable au corps et le sourire fendu jusqu'aux oreilles. Et puis, vous rappelez-vous les vacances rêvées à Maui avec Rob ? Nous nous les sommes offertes pour de vrai, Rob et moi…?

13 H, LE TROISIÈME JOUR : Mon satané œil droit n'arrêtait *pas* de couler. C'était comme ça depuis le début de la journée. Incroyable ! On a cru devenir fous, Daniel et moi. Après avoir passé sept heures sur ma coiffure et mon maquillage, Daniel devait, entre chaque rouleau de pellicule (il y en a eu 100), m'essuyer l'œil et remettre du maquillage. On avait fichtrement hâte que la journée soit finie. J'aurais voulu crier, mais j'avais peur de bousiller mon rouge à lèvres.

Par miracle, on a tenu le coup jusqu'à la fin. Je me souviendrai toujours avec affection de cet épisode épique. De toute évidence, Daniel est un perfectionniste, un professionnel et, sans contredit, un très bon ami.

13 H 30 : Complètement vidée, j'avais besoin d'un petit remontant pour m'aider à traverser cette journée éreintante. C'est alors que Marilyn est arrivée avec des photos et un bon cappuccino bien tassé. « Viens voir ça », me dit-elle.

Je me suis précipitée dans le bureau de Steve, qui avait affiché certaines de mes photos à l'écran de l'ordinateur.

« Regarde-toi », m'a-t-il dit.

J'ai cru un moment que c'était quelqu'un d'autre. « Non ! Ce n'est pas moi ! Impossible !» J'avais l'air d'avoir environ 20 ans, et j'avoue que je me faisais moi-même de l'effet !

Vous parlez d'une gratification instantanée : prépare, pose, expose, développe et explose… de joie ! C'était comme ça. De temps à autre, on refaisait les mêmes étapes pour différentes photos. Ce qui m'a vraiment allumée, c'est de constater à quel point *les gens* étaient emballés par les résultats — et ça m'a permis de trouver le courage de passer à la séance suivante.

Steve a même étalé six des meilleures photos sur le canapé, et l'équipe de tournage nous a filmés en train de discuter des résultats. « Je tiens à te dire que ces photos n'ont *pas* été retouchées, d'ajouter Steve. Regarde : ne sont-elles pas magnifiques ? N'es-tu pas contente ? »

13 h 40 : Je me foutais bien d'avoir un œil qui coule — je pleurais maintenant de joie en pensant à un ancien souvenir.

La veille de mon by-pass gastrique, Wendy m'a dit : « Je veux prendre ta photo. »

J'étais en slip et soutien-gorge et je lui ai répondu : « D'accord, mais ne me regarde surtout pas. »

« Carn, comment veux-tu que je prenne ta photo si je ne te regarde pas ? » a répondu Wendy de sa voix la plus compatissante.

J'ai éclaté de rire en réalisant qu'elle avait raison. Je ris vraiment très fort sur cette photo, mais une partie de moi-même s'inquiétait de savoir si ce serait la dernière photo de ma vie. On ne sait jamais ce qui peut se passer lors d'une grosse chirurgie. Et me voici, trois ans plus tard, en train de poser pour *Playboy*. Vous parlez d'un revirement de situation !

14 h 20 : C'est à ce moment-là que les séances de pose ont commencé à se corser. Steve m'a demandé de poser la tête en bas sur un magnifique escalier conçu juste pour moi. Ensuite, j'ai pris une pose où le poids de mon corps reposait entièrement sur mes deux poignets, toujours dans l'escalier. « Rejette la tête en arrière », m'a crié Steve, et tout à coup je me suis sentie comme une star des années quarante. L'effet était sexy, mais j'ai cru que j'allais m'effondrer. J'ai remercié le ciel d'avoir mis sur mon chemin le Cardio Barre et la musculation car, sans cela, je n'aurais jamais pu garder la pose. J'avoue qu'au bout d'une demi-heure dans cette position, il m'est quelquefois arrivé de perdre totalement l'équilibre. Dieu merci, l'éclairagiste était là pour m'attraper… je ne vous dirai pas par où.

Lorsque Steve m'a montré les polaroïds des clichés pris dans l'escalier, j'ai eu le souffle coupé de constater que je paraissais mesurer 1,80 mètre et que mes jambes semblaient divinement minces et musclées. « Tu vois, Richard ? ai-je pensé. J'ai vraiment carburé au max ! »

15 H : J'ai commencé à me demander où les gens de *Playboy* prenaient toutes leurs idées pour les poses. Steve photographie des corps de femme à longueur de journée depuis 20 ans. Tout ce que je peux dire, c'est qu'il est diablement brillant, ce type. Il restait là, à me regarder, puis il disait : « Bouge de cinq centimètres vers la droite. Maintenant, tourne ta jambe gauche vers la droite, pointe un orteil, soulève le bassin, étire bien les bras et prends l'expression appropriée ». Même si je ne comprenais pas pourquoi il me faisait faire tout ça, je savais que mon corps serait mis en valeur, ce qui me permettait de relaxer et d'entrer dans l'univers de l'érotisme.

16 H 15 : Billy, un gars du magazine, a fait irruption sur le plateau. Entre deux séances de pose, il m'a dit : « Carnie, cette série de photos me fait penser à un roman rose. » Et il avait raison : l'ambiance était des plus romantiques. J'avais l'impression que mon mari allait soudainement s'approcher du lit pour me faire l'amour.

J'avoue avoir parfois eu du mal à prendre la pose, mais j'ai paniqué juste une fois. Quand ça s'est produit, Daniel et Rebecca, la styliste, sont venus me parler. Rebecca, qui a de magnifiques yeux bleus et les chaussures les plus mignonnes que j'aie jamais vues, m'a confié : « Je fais 52 kilos et je me sens aussi anxieuse que toi. *Jamais* je ne pourrais faire ce que tu fais là. Tu es très courageuse, tu sais ! »

Et puis j'ai regardé Daniel, qui souriait tout en écartant une boucle de mes yeux, j'ai pris une grande respiration et j'ai retrouvé mon calme.

Un peu plus tard : Steve a reçu un coup de fil lui disant de rentrer à la maison de toute urgence. « Ta journée est terminée », m'a-t-il annoncé avant de partir en coup de vent. C'est alors qu'on m'a demandé si j'accepterais de revenir le lendemain : « Nous aimerions prendre des photos pour la couverture. » Je suis restée bouche bée.

Ce soir-là : Dès que je suis rentrée à la maison, j'ai commencé à me démaquiller, comme à l'habitude, et à enlever tous les faux cils que Steve m'avait collés avec ce qui me semblait être du ciment (j'ai dû utiliser de l'huile minérale et j'y ai laissé quelques-uns de mes propres cils…). Ensuite, j'ai sauté dans la baignoire et je me suis exfolié tout le corps.

Rob m'a aidée à me laver le dos et nous avons parlé de ma journée. Les photos que je lui avais montrées en rentrant à la maison l'avaient laissé interloqué.

En sortant du bain, j'ai enfilé mon pyjama le plus confortable, ainsi que d'épaisses chaussettes. La fille sexy était loin derrière moi — je voulais par-dessus tout me sentir à mon aise. Assise dans mon lit, j'ai commencé à scruter les photos polaroïds qu'on m'avait remises. Je me suis ensuite plongée dans *Bon Appétit*, à la recherche d'un dessert riche et onctueux pour l'Action de grâce. « Que pourrais-je demander de plus ? ai-je pensé. Je pose pour *Playboy* et je pense à manger. Quelle surprise ! »

Je me suis endormie sur des images de soufflé Parmentier vite chassées par des rêves plus sérieux. Je me trouvais devant une amie qui venait de subir une chirurgie aux seins. Elle me montrait son sein droit, mais pas le gauche. « Tes cicatrices guérissent vraiment bien, lui dis-je. Maintenant, tourne-toi et montre-moi ton sein gauche. » J'ai vu qu'elle hésitait, puis je me suis aperçue que son sein droit était en fait situé en plein centre de sa poitrine et que le gauche ressemblait à un sac vide. « Le médecin va vite m'arranger ça, je ne suis pas inquiète », a-t-elle poursuivi.

Je me suis réveillée, le souffle court, les deux mains sur la poitrine. Je suis restée à réfléchir dans le noir, et j'ai pris conscience qu'il s'agissait d'un rêve important et riche de sens. J'ai réalisé que mon amie, en fait, c'était moi et que j'utilisais mes seins pour montrer à quel point j'étais « comblée », alors qu'à l'intérieur de moi je me sentais encore « vide ». Le fait de poser nue avait eu pour effet d'exposer ce sentiment au grand jour. On aurait dit que les photos m'avaient vidée d'une partie de mon contenu. Autant j'étais fière de montrer mon nouveau corps, autant je craignais de perdre à jamais une partie de moi-même. J'avais peur de me retrouver en bout de ligne avec ni plus ni moins qu'un sac vide.

J'aime bien la partie, dans mon rêve, où mon amie affirme que le médecin va tout arranger et qu'elle n'est pas inquiète. Une véritable prise de conscience venait de s'opérer : je me rendais compte à quel point je me sentais vide à l'intérieur. Riche de cette information, j'allais pouvoir prendre mieux soin de moi-même et explorer les émotions et les insécurités ainsi mises grand au jour. Quel rêve significatif !

★

7 H, LE QUATRIÈME JOUR : Après trois jours, on avait enfin maîtrisé l'art de me coiffer et de me maquiller. Trois heures ont suffi pour me préparer à poser. On m'avait lissé les cheveux et maquillée dans un style rétro, à la manière des stars de cinéma d'une certaine époque. Mesdames (et vous aussi Messieurs), sachez que *Playboy* n'est pas un magazine de fesses, mais un magazine de maquillage et de coiffure. Un point c'est tout. N'est-ce pas, Daniel ?

11 H : Nous sommes revenus sur le plateau et Steve s'est mis à monter les décors pour l'éventuelle photo de la page couverture ! (N'oublions pas que rien n'est définitif tant que Hugh n'a pas donné son accord.) Chaque fois qu'il était fait mention de la page couverture, mon degré d'effervescence montait d'un cran et je m'empressais de me dire que tout cela restait purement hypothétique.

J'ai alors demandé : « Vous la voyez comment, la page couverture ? »

Alors Rebecca, la styliste, est venue me voir et m'a dit : « Écoute ça, Carnie, tu seras photographiée dans un costume tout blanc, à la Elvis. Regarde-moi ce soutien-gorge ! »

Prise de court, j'ai simplement répondu : « Ça alors, c'est super ! »

Marilyn voyait mes cheveux lisses et droits, et Daniel a suggéré l'utilisation du ventilateur pendant la séance. Elle a répondu : aérien et rock and roll, quelle bonne idée !

MIDI : La combinaison à la Elvis me moulait le corps parfaitement et son décolleté me descendait jusqu'au nombril. En dessous, je portais un magnifique soutien-gorge blanc en dentelle, dans lequel étaient insérés d'étranges (et merveilleux) sachets de gel servant à me remonter les seins. J'avais l'impression d'avoir des escalopes de poulet par-dessus les mamelons. Je n'avais pas à m'inquiéter pour les hydrates de carbone : elles n'en contiennent aucune ! Rebecca est venue poser des glands de couleur blanche aux manches, et elle a parsemé mon costume de paillettes or et argent. Ma coiffure était impeccable, et mon maquillage à la fois frappant et nuancé.

Le plateau aussi était tout blanc. On y trouvait un beau grand lit avec des draps blancs : que j'étais choyée ! Pendant que le polaroïd faisait clic, clic, clic, j'entendais chuchoter Marilyn et Steve, et ça me rendait dingue parce que je n'arrivais pas à comprendre ce qu'ils disaient.

Finalement, Marilyn a dit : « Montre-la-lui. » Elle m'a alors apporté la photo et m'a demandé : « Qu'en penses-tu ? *Moi*, j'adore ! Une photo parfaite : moderne, sexy… splendide quoi ! »

Puis ils m'ont remis la photo entourée d'un cadre en carton. Juste au-dessus de ma tête, on pouvait lire, en grosses lettres noires : *Playboy*. C'était suffisant pour m'envoyer en orbite.

J'avais l'air de sortir d'un film de James Bond : futuriste, belle, moderne, jeune et « cool ».

Cette photo était une sorte de version miniature du magazine, avec mon visage et mon décolleté plongeant en page couverture : c'était tout à fait surréaliste !

« Nous allons numériser les photos pour les envoyer à nos bureaux de Chicago », m'a expliqué Marilyn.

« D'accord », ai-je répondu. J'avais maintenant la trouille, car ça commençait à devenir sérieux.

« Elle iront ensuite au bureau de Hugh. »

14 h : Une heure après la pause-repas (pendant laquelle je n'ai pratiquement rien avalé, de peur d'avoir l'air gonflée), je m'allongeais sur des draps de satin doré dans un très grand lit surmonté d'une énorme tête de lit. Steve m'a demandé de me coucher sur le ventre, les fesses en l'air. J'étais contente, car j'ai toujours été fière de mon derrière. Il a toujours été rond et mignon, même quand j'étais grosse.

Rebecca m'a couvert le dos d'un romantique châle à franges. Ça devait ressembler à une de ces peintures à l'huile qui ornent les murs des vieux manoirs... mais la frange me rendait folle : elle me chatouillait les joues (et non ce que vous pensez) et m'empêchait de me mettre dans l'ambiance. Je me sentais devenir de plus en plus tendue.

« On peut lire de l'anxiété sur ton visage », m'a dit Steve.

En dernier recours, j'ai lancé : « Un verre de vodka, s'il vous plaît ! »

14 h 05 : Ouais, ça a marché. Taquin, Steve m'a demandé : « Veux-tu bien me dire où tu étais passée ? Bienvenue à nouveau parmi nous. » Ce petit verre d'alcool était tout ce dont j'avais besoin, semble-t-il, pour me replonger dans mon conte de fées.

18 h : Après vingt rouleaux de pellicule, Steve m'a dit, le sourire aux lèvres : « C'est terminé : tu as réussi, jeune fille ! »

Tout le monde a applaudi et je me suis accordé ma récompense préférée : trois M&M aux cacahuètes… et pas un de plus.

Le contrecoup

Quelques jours plus tard, Marilyn Grabowski m'a appelée. Avant de poursuivre, j'aimerais vous rappeler que, à titre de chef de la section photo, cette femme a vu plus de seins et de fesses que Hugh Hefner lui-même. C'est elle qui m'a dit que le fait de poser allait encourager des millions de femmes. « Je voulais juste te dire à quel point nous sommes fiers de toi. Les photos sont époustouflantes et nous sommes tous tombés sous le charme. »

Je lui ai demandé si je pouvais aller à son bureau et voir toutes les photos.

« Nous allons te les montrer bientôt », m'a-t-elle répondu. Et j'ai eu droit à une parcelle d'information privilégiée, en ces termes : « Tu sais, m'a-t-elle dit, certaines personnes (que nous ne nommerons pas) au magazine ne voulaient pas que tu poses pour nous. Elles prétendaient que tu correspondais plus au style du magazine *Cosmopolitan*. L'autre jour, une de ces personnes, voyant la fausse maquette, s'est exclamée 'Je n'en crois pas mes yeux : j'adore ça !' »

Quelques jours plus tard, j'ai invité Mickey à manger de la poitrine de bœuf (j'adore cuisiner pour lui). Nous avions envie de discuter de mon expérience chez *Playboy*.

« Carnie, m'a-t-il dit entre deux bouchées, il y a 20 millions d'Américains qui habillent 28 et plus. Et tu sais, il y aura des tas de femmes *extrêmement* intéressées par ta collaboration à *Playboy*. Quand on pense que les gens ont pu te suivre de ta chirurgie jusqu'à *Playboy*, en passant par ton livre, eh bien ! je crois qu'aucune autre personnalité aussi prestigieuse n'a autant offert au public. Personne d'autre n'a fait preuve d'une telle franchise. Tu montres aux gens ce qu'il est possible d'accomplir. »

Plus tard ce soir-là, j'ai sorti des photos de moi prises alors que je pesais 136 kilos et je les ai placées à côté de certains clichés polaroïds des studios de *Playboy*. Je n'ai pas besoin de vous dire qu'un tas de choses merdiques m'ont traversé l'esprit. Sur une de ces vieilles photos, on me voit dans la baignoire, les seins recouverts de bain moussant, arborant un grand sourire. Sur une autre — très mignonne, je trouve —, je suis debout au milieu d'une pièce et je ris aux éclats. Sur une autre encore, je suis en train d'enlever ma blouse, le sourire aux lèvres. Tout ça pour dire que, peu importe mon poids, je souris toujours sur les photos, aussi bien les anciennes que celles de *Playboy*. Je ne me suis jamais laissé abattre. Oui, bien sûr, j'avais peur, parce que ma santé était en jeu, mais rien n'a jamais pu venir à bout de mon sourire.

Maintenant que le numéro de *Playboy* dans lequel j'apparais est sur le point de sortir, j'ai vraiment hâte (et un petit peu peur aussi). Cependant, il y une chose qui m'a fait vraiment plaisir et qui a réussi à apaiser mes craintes : la réaction de ma mère aux photos officielles. Alors que ses yeux se remplissaient de larmes, elle m'a prise dans ses bras et m'a dit : « Je suis tellement fière de toi, ma chérie. Je n'arrive pas à croire que tu as déjà pesé 136 kilos. Tu devrais être fière de ces photos, mais surtout de ce que tu as réussi à accomplir pour toi-même. »

Il m'arrive aujourd'hui de tomber sur une relique de *Playboy* dans mon placard : un peignoir de dentelle pêche assorti d'un corset mauve. Suspendus à un beau cintre de bois, ces deux morceaux représentent une sorte de monument à toutes les « hot mamas » de la planète.

Chapitre *seize*

Wilson Phillips
remonte sur scène

n parlant de « hot mamas »… j'ai quelque chose à vous raconter. Deux mois après ma chirurgie de l'obésité, alors que j'essayais de maigrir, un événement majeur s'est produit. Chynna Phillips, ma plus ancienne amie et mon ex-partenaire de scène, venait d'accepter de participer au deuxième concert bénéfice annuel en l'honneur de mon oncle Carl, décédé en février 1998. C'est alors que Billy Hinsche, le beau-frère de Carl, également directeur musical du spectacle, m'a demandé si Wilson Phillips accepterait d'interpréter une chanson.

Comme le groupe était dissous depuis déjà huit ans, j'ai répondu : « Franchement, je ne sais pas. Je vais demander : je n'ai rien à perdre. »

Quand j'en ai parlé à ma sœur, elle m'a dit : « Chouette alors, j'adorerais ça ! C'est oui ! »

Puisqu'il allait de soi que j'y participerais, il ne manquait plus qu'un morceau au puzzle. Alors, j'ai téléphoné à Chynna et je lui ai dit : « Jonah (mon cousin) m'a dit que tu participais au concert bénéfice. »

« Oui, j'ai tellement hâte ! » m'a-t-elle répondu.

« Billy (Hinsche) m'a demandé si on pouvait chanter une chanson, ai-je poursuivi. J'ai pensé à *Release Me* ; qu'en penses-tu ? »

« Je ne sais pas, Carn, m'a dit Chynna, ça fait tellement longtemps… Pourquoi ne pas attendre d'être sur place pour voir comment on se sent ? »

Le jour du spectacle, qui avait lieu au Ranch Calamigos à Malibu (Californie), il faisait beau et frais. J'étais là avec Wendy lorsque Chynna s'est avancée vers nous, accompagnée de sa sœur Bijou. Enceinte de son premier enfant, Chynna arborait un petit ventre des plus mignons. Dieu merci, elle avait enfin un ventre !

À propos… j'avais déjà perdu 20 kilos à l'époque et Chynna s'est exclamée : « Tu as vraiment l'air en forme ! Je suis tellement contente pour toi. »

J'ai posé les mains sur son ventre et je lui ai dit : « J'ai du mal à croire qu'il y a un bébé là-dedans. » Nous avions de nouveau sept ans et le monde entier était notre terrain de jeux…

C'est à ce moment que Chynna m'a dit : « Bon, on chante alors ? Il faut tout de suite se mettre à répéter ! »

C'était comme dans le bon vieux temps. Les gens nous prenaient en photo toutes les trois et, à l'idée que nous allions nous exécuter en public, j'ai commencé à avoir des papillons dans l'estomac.

Puis nous sommes montées sur scène pour pratiquer notre succès *Release Me*. Billy avait réuni un excellent groupe, mais il nous a suggéré de chanter a capella. Quelle idée brillante ! Dès que nos voix ont commencé à s'entremêler, nous avons été parcourues de frissons et je crois que ce moment a marqué le début de notre réunification.

Quelques mois plus tard, Chynna m'a appelée peu après avoir donné naissance à une petite fille du nom de Jameson. À l'époque, je vivais avec Rob à Philadelphie. Je m'appliquais à perdre du poids et j'apprenais à gérer ma nouvelle vie. Lorsque le téléphone a sonné au beau milieu de l'après-midi, j'ai inévitablement pensé : « Si c'est un autre appel de télémarketing, je vais sortir de mes gonds ! »

« Salut, Carn », a dit une voix douce que j'ai tout de suite reconnue.

« Ça alors, comment va le bébé ? » ai-je demandé à Chynna.

« Super bien ! Nous sommes très heureux. Je sais que ça va paraître bizarre, mais ça me manque beaucoup de ne pas chanter avec vous. Je me demandais si toi et Wen aviez envie qu'on se remette à écrire et à enregistrer des chansons. Qu'en penses-tu ? »

« Tu parles si j'en ai envie, me suis-je écriée. Je te demande chaque année si tu veux faire un autre album et *maintenant*, trois jours après avoir accouché, tu me dis que tu es prête ? Tu n'en feras jamais d'autres, toi ! »

J'étais tellement excitée que je me suis mise à pleurer. J'ai dit à Chynna que je l'aimais et que j'avais terriblement hâte de voir son bébé. Je lui ai dit également que j'étais vraiment enthousiaste à l'idée de la réunification de Wilson Phillips. Je ne veux pas paraître fleur bleue, mais notre chanson *The Dream is Still Alive* s'est mise à me trotter dans la tête.

Après avoir passé quelques minutes à rire et à pleurer avec Chynna, j'ai raccroché et j'ai crié de toutes mes forces : « *Rob ! Rob !* »

Il a monté l'escalier en courant, persuadé que j'étais tombée dans la baignoire ou que j'avais vu un très gros insecte, et il m'a demandé, inquiet : « Qu'est-ce qui se passe ? »

J'avais du mal à répondre, car je n'arrêtais pas de sautiller. Rob était tellement mignon avec sa mine inquiète que j'ai fait un effort pour lui prendre la main et que j'ai fini par articuler : « Tu n'en croiras pas tes oreilles ! »

Sans même savoir de quoi il s'agissait, il m'a pris les mains et s'est mis à sautiller avec moi. « Chynna veut faire un autre album », ai-je finalement crié.

J'étais en train de perdre la boule !

J'ai ensuite appuyé sur le bouton de composition automatique pour appeler Wendy qui, à l'époque, était en train de tomber follement amoureuse de son futur mari, Dan, un gars du tonnerre qu'elle avait rencontré en tournée avec Al Jardine — Big Daddy Al, l'entremetteur !

Je lui ai tout raconté d'une seule traite, sans même respirer.

« Oh, a-t-elle dit avec son calme légendaire, un nouvel album ? C'est formidable. » Je savais qu'intérieurement elle était ravie, mais je pense qu'elle n'y croyait pas encore vraiment.

Jamais personne ne saura à quel point j'ai eu mal quand la formation Wilson Phillips s'est dissoute en 1992. J'ai toujours caressé l'espoir de la voir renaître un jour : je n'avais qu'à patienter dix ans.

Pendant ces dix années, il m'est arrivé souvent de composer une chanson et de m'interrompre à mi-chemin pour réfléchir aux harmonies vocales. Je pensais avec nostalgie : « Ça ferait tellement une belle chanson pour Wilson Phillips ! » Puis un vent de déception soufflait sur moi et je me consolais en me disant : « Ce n'est peut-être que partie remise… » Il m'arrivait de fouiller les recoins de mes placards à la recherche de vieilles cassettes de nos répétitions. L'une d'entre elles contient une chanson que nous avons écrite avec Glen Ballard : *Love and Flames*. J'ai eu des frissons en l'écoutant, car j'ai senti dans tout mon corps qu'elle pourrait faire un malheur.

Le jour où Chynna m'a appelée, j'ai pensé que de donner naissance à un enfant avait dû réveiller quelque chose en elle. C'était à la fois drôle et attachant : ça lui ressemblait tellement ! N'empêche qu'à l'époque elle vivait heureuse à New York, aux côtés de son mari Billy Baldwin, et qu'elle venait tout juste d'accoucher. Nous avons décidé que le moment n'était pas vraiment approprié pour annoncer officiellement le retour de notre groupe, mais la graine était semée.

Quelques mois plus tard, nous avons compris que le retour de Wilson Phillips était inévitable et qu'il fallait nous organiser pour que ce soit possible, en dépit du fait que Wendy et moi vivions loin de Chynna. Nous étions décidées et rien n'allait nous en empêcher. Alors ma grande confidente, sœur et amie Wendy et moi avons pris l'avion pour New York, où nous avons déniché plein de belles choses dans les magasins avant de nous rendre à l'appartement de Chynna pour commencer à travailler à notre nouvel album. C'était comme dans le bon vieux temps et, chaque fois que nous chantions en harmonie toutes les trois ensemble, les mêmes frissons nous parcouraient l'échine.

J'avais tellement souffert de la dissolution du groupe que j'en ai tiré une bonne leçon, je crois. J'avais besoin d'apprendre que, lorsqu'on laisse aller quelque chose, ça revient souvent au moment où l'on s'y attend le moins. Et on l'apprécie tellement plus !

Au printemps 2001, il a fallu nous y mettre sérieusement. Nous devions trouver des auteurs-compositeurs avec qui collaborer et entrer en studio. Je n'oublierai jamais le premier jour de l'enregistrement de notre nouvel album (dont la sortie est prévue pour 2004). Ce matin-là, je me suis réveillée tout excitée. J'avais tellement hâte d'arriver au studio et d'inaugurer ce nouveau chapitre dans nos vies.

En sortant de ma voiture dans le stationnement du studio, j'ai aperçu Wen et Chynna, et nous nous sommes dirigées vers l'édifice « comme une seule femme », en nous tenant par la taille. Nous étions plus âgées, plus mûres et plus sexy qu'avant. Nous étions mieux armées devant la vie, prêtes à tout pour ne pas laisser passer cette seconde chance.

Chapitre *dix-sept*

Le mot de la faim...

Récemment, alors que je me trouvais à l'épicerie, un titre de magazine m'a laissée perplexe. Ça disait « De vraies personnes qui ont vraiment perdu du poids », et je n'ai pu m'empêcher de me dire : « Attendez une minute ! Moi aussi, je suis une vraie personne, et j'ai vraiment perdu du poids. »

Cela m'a rappelé le jour où le magazine *People* a parlé de moi dans le cadre d'un reportage sur des personnes qui avaient consigné dans leur journal personnel tous les détails de leur chirurgie plastique. Je n'ai pas trouvé cela très à-propos, étant donné que la chirurgie plastique n'avait pas été au centre de mes préoccupations. Les choses se sont encore embrouillées lorsqu'une femme m'a abordée en ces termes au comptoir d'un grand magasin : « N'êtes-vous pas Carnie... quelque chose ? Carnie quoi donc ? »

« Vous voulez dire Carnie *Wilson*, oui. Vous savez, je ne suis pas… quelque chose, je suis une vraie personne », lui ai-je répondu avec un sourire. (Avais-je encore besoin de sortir mon permis de conduire ? Nous en rions encore, Katrina et moi.)

Par contre, ça m'a fait tout drôle en dedans.

Il y a toutes sortes de réactions face à ma chirurgie et à moi-même : c'est très intéressant, mais j'aurai probablement toujours besoin de fournir des explications, que ça me plaise ou non. Et certaines personnes ne comprendront jamais l'ampleur des répercussions que peut avoir une telle opération sur la vie de quelqu'un. Disons, pour résumer, que je ne remercierai jamais assez le ciel d'avoir mis cette expérience sur mon chemin et que j'aimerais pouvoir le crier sur tous les toits.

Je suis outrée quand j'entends des gens discréditer les chirurgies de l'obésité. C'est une expérience qui est loin d'être facile. Il faut bosser, aussi bien avant qu'après. En fait, il faut soigner sa santé et faire attention à ce qu'on mange — *pour le reste de sa vie.* Ça demande des efforts et une vigilance de tous les instants. Croyez-moi, c'est loin d'être de tout repos !

Par ailleurs, ce type de chirurgie comporte de nombreux avantages : en général, les résultats sont rapides et l'on acquiert une plus grande maîtrise de sa vie. En fait, ça ne ressemble en rien à ce qu'on a pu vivre auparavant. Les habitants de ce pays sont obsédés par les régimes amaigrissants alors que, de toute évidence, ces derniers ne fonctionnent pas. Il arrive que seule la chirurgie puisse faire maigrir quelqu'un et lui sauver la vie.

Certaines personnes affichent de la crainte et de l'hésitation lorsqu'elles abordent ce sujet. J'aimerais tellement avoir plus de temps pour en parler à la télé. Si seulement Oprah pouvait consacrer une heure entière à cette question. J'ai écrit ce deuxième livre pour dire aux gens qu'il y a de l'espoir. Après tout, c'est ce que je constate chaque fois que je passe devant un miroir, et je voudrais tellement que ça vous arrive aussi.

Ne croyez surtout pas que je sois en train de vous *dire* de subir une chirurgie de l'obésité. Je n'en crois pas moins que cette opération a servi de catalyseur à tous les changements favorables qui se sont produits dans ma vie. C'est comme si, en ouvrant une fenêtre, j'avais permis à toutes les bonnes choses de la vie de venir vers moi.

Je ne suis pas une sainte. Il y a encore des jours où ça ne va pas. Suis-je toujours capable de maîtriser ma colère ? Eh que non ! Certains jours, j'ai l'impression d'être invincible — les ennuis ne font que m'effleurer — alors que, d'autres, je trouve les choses plus difficiles. J'ai habituellement une grande maîtrise sur mes choix alimentaires, mais il m'arrive de me jeter sur les hydrates de carbone et de faire du « dumping ». Pour conclure, disons que je suis humaine, que j'agis et que je réagis comme tout le monde.

J'ai longtemps cru que ma vie ne pourrait jamais changer complètement et que bon nombre de mes objectifs resteraient inatteignables. Plus que tout au monde, je désirais perdre du poids et rencontrer l'âme sœur, et je n'arrive toujours pas à croire que les deux sont arrivés la même année. Aujourd'hui, mon mari et moi rêvons de faire une tournée ensemble. J'imagine très bien Rob se donner corps et âme sur scène, chantant de toutes ses forces au son d'une guitare déchaînée. Nous aimerions également avoir un enfant — six, dirait Rob. (J'ai une surprise pour toi mon amour : tu vas m'aider à changer toutes ces couches !) Je n'aurais jamais pu faire ce que j'ai fait sans l'appui de mon conjoint et j'ai très hâte de voir ce que l'avenir nous réserve. Peu importe ce qui se présente, nous resterons solidaires.

À part mon mari que j'adore, ce que j'aime le plus, ce sont nos trois voix qui — pour paraphraser notre ancien producteur Glen, lorsqu'il nous a entendues pour la première fois — fusionnent en une seule. J'ai tellement hâte que tout le monde entende notre nouvel album !

Quant à moi, je ne serais pas fidèle à moi-même si je ne menais pas de front plusieurs activités. Qui sait ? Je pourrais lancer une gamme de vêtements, produire des disques ou changer totalement de cap. Peu importe, je serai toujours quelqu'un qui prend des risques et suscite le changement.

J'ai écrit ce livre pour vous encourager et vous dire que, si toutes ces belles choses me sont arrivées, elles peuvent vous arriver aussi. Vous ne devez cependant pas oublier que ce qui importe le plus, c'est votre santé, vos relations avec vos proches, et l'amour que vous donnez et recevez.

J'ai fait un autre rêve la nuit dernière. J'étais en plein milieu de l'océan, mais je n'avais pas peur car je n'étais pas seule : d'autres personnes nageaient à mes côtés. Mon amie Tiffany s'est arrêtée de nager sur place pour me tendre un petit seau. « C'est de l'eau purifiée, m'a-t-elle dit, verses-en sur toi et tu te sentiras bien. »

En y regardant de près, j'ai aperçu un petit escargot, une tortue et un têtard qui nageaient au fond du seau. « Attends, me suis-je exclamée, c'est rempli de petites créatures visqueuses : je ne peux pas me verser ça sur la tête ! »

J'ai donc vidé le contenu du seau dans la mer et l'eau est devenue toute noire autour de nous. J'ai compris que, pour survivre, je devrais vaincre ma peur et traverser les eaux noires à la nage même si je ne pouvais absolument pas distinguer ce qui se trouvait sous moi. Curieusement, une fois engagée, j'ai cessé d'avoir peur. J'ai simplement battu des bras et des pieds sans m'arrêter jusqu'à ce que j'atteigne la plage de sable blanc, et je me suis échouée sur le rivage. Et vous savez quoi ? J'arborais mon plus beau sourire.

J'ai compris ce que ce rêve signifiait pour moi. La tortue et l'escargot représentaient l'ancienne Carnie — grosse et lente — alors que le têtard, c'était la nouvelle Carnie, qui peut bouger très vite. Puisque les têtards se transforment en grenouilles, cela pourrait vouloir dire qu'un jour je n'aurais plus peur de faire d'autres « bonds en avant ». L'eau représentait ma peur de l'inconnu, ou de ma nouvelle vie. Pendant un instant, j'ai eu peur et j'ai voulu sortir de l'eau, mais j'ai fini par prendre plaisir à cette traversée. C'est en vainquant ma peur que j'ai réussi à nager jusqu'à l'autre rive. Je sais qu'en me forçant je peux surmonter les épreuves et les défis de manière à atteindre des rivages plus sereins.

J'ai été renversée de constater qu'il n'y avait *aucune nourriture dans ce rêve !* Si ce n'est pas du progrès, ça, je me demande ce que c'est ! Je ne veux pas pour autant cesser de rêver. Il n'y a qu'à regarder ma vie : c'est un véritable rêve *ambulant*, mais j'ai les yeux grand ouverts maintenant.

Est-ce que ça s'arrête là pour moi ? Pas du tout.

J'ai encore de l'appétit pour tout ce que la vie peut m'offrir.

✪ Épilogue

Le sexe ou le chocolat ?

Bien entendu, je terminerai ce livre en parlant de nourriture et de sexe — deux de mes sujets préférés.

Certaines questions hantent l'humanité depuis la nuit des temps : « Où l'infini se termine-t-il ? Où l'univers s'arrête-t-il ? Y a-t-il de la vie sur les autres planètes ? » Quant à moi, je sais que je me demanderai jusqu'à la fin de mes jours : « Lequel est le meilleur ? Le sexe ou le chocolat ? »

Arrêtons-nous d'abord à leurs ressemblances. Les deux sont à leur meilleur quand ils sont salissants, les deux vous plongent dans l'euphorie et ils n'ont pas leur égal… sauf que vous *pouvez* parfois les substituer l'un à l'autre. Voyons donc, on a tous fait ça à un moment ou à un autre. Combien de magnifiques soirées avons-nous passées, seuls, à fourrager dans une boîte de chocolats Godiva, ou encore à flirter avec un litre de crème glacée Ben & Jerry et une grosse boîte de papiers-mouchoirs, plutôt qu'à goûter aux plaisirs de l'amour ?

La quintessence de l'amour physique, c'est la parfaite harmonie entre deux corps et la sollicitation de tous les sens pour explorer le territoire de l'autre. La quintessence du chocolat, c'est une parfaite harmonie entre tous les ingrédients et la sollicitation de tous les sens pour explorer le monde des hydrates de carbone.

Le chocolat me fait penser à l'amour physique, car il fait grimper ma tension artérielle et me donne l'impression de pouvoir escalader le mont Everest. Je crois qu'on appelle ça une augmentation du taux de sucre dans le sang mais, personnellement, je me fiche des explications scientifiques. Tout ce que je sais, c'est que le chocolat, comme le sexe d'ailleurs, me rend plus confiante face à la vie, me donne de l'énergie, me réconforte et, je l'avoue, m'excite au plus haut point. Vous penserez peut-être que je suis folle, mais je vous jure que c'est l'effet que ça me fait. (On va peut-être créer une nouvelle chaîne spécialisée appelée « Toi, moi et chocolat » et m'offrir le poste de chef d'antenne...)

Je deviendrais folle si on me privait de sexe et de chocolat, car mon corps a besoin des deux, et puis ça prend une volonté de fer pour résister à l'un comme à l'autre. Riche, sucré et onctueux dans la bouche — je parle de chocolat ici —, qu'y a-t-il de plus délectable ? Je parle encore du chocolat. Je savoure chaque instant... maintenant, je ne parle pas nécessairement du chocolat !

La grande gourmande que je suis confesse qu'il lui arrive de combiner sexe et chocolat. C'est ici que mon cher mari entre en scène. Voyez-vous, je me rends souvent chez See's pour acheter à Rob une petite boîte de friandises que je camoufle dans un coin de mon sac à main jusqu'à mon retour à la maison. Je mentirais si je disais que je n'y vais pas également pour avoir mon échantillon gratuit.

En arrivant à la maison, je fixe mon mari d'un regard langoureux et je lui chuchote à l'oreille : « Chéri, j'ai un petit quelque chose pour toi. » Alors, il a droit à un striptease non pas vestimentaire, mais culinaire. Je dénoue lentement le ruban autour de la boîte et, dans un geste déchaîné, le lance par-dessus mon épaule, puis je déchire frénétiquement le papier d'emballage — à ce stade, Rob n'en peut plus — pour enfin, dans un geste infiniment lent, soulever langoureusement le couvercle et déposer une douce friandise dans la bouche de *ma* douce victime.

Alors, d'après vous, qu'est-ce qui l'emporte ? Le sexe ou le chocolat ? Personnellement, j'en suis arrivée à la conclusion que c'est le chocolat, suivi du sexe, ou l'inverse. En d'autres termes, faites l'amour tout en mangeant du chocolat. (Ne rejetez pas l'idée avant d'avoir essayé !)

Pendant que j'écrivais ces lignes, tante Dee-Dee — une femme à la mentalité très ouverte — est arrivée (nous avions rendez-vous pour faire du magasinage). Étant donné que j'ai probablement déjà englouti cinq kilos de bonbons en sa compagnie (nous avons fait front, ensemble, à une armée de calories), j'ai décidé de lui demander son avis.

« Qu'est-ce que tu en penses, tante Dee-Dee ? Le sexe est-il meilleur que le chocolat, ou est-ce l'inverse ? »

Elle a réfléchi quelques instants, puis m'a répondu : « Tu te moques de moi ? Je n'arrête pas de manger du chocolat parce que je ne fais jamais l'amour ! s'est-elle exclamée. Comprends-tu quelque chose à ça, toi ? »

« Tante Dee-Dee, c'est le sujet de mon prochain livre », lui ai-je répondu en souriant.

Annexe

✪ Comment suivre mon programme

Il s'écoule rarement une journée sans que quelqu'un me demande : « Au fait, qu'est-ce que vous mangez maintenant ? Vous contentez-vous encore de seulement ça (les gens joignent le pouce à l'index) ? »

Je leur réponds : « Oh non, je mange tout ce que je veux, mais en quantité limitée. »

Vous comprendrez en lisant les consignes présentées dans les prochaines lignes. Ces consignes m'ont permis de garder ma ligne pendant plus de trois ans, mais *n'importe qui* peut perdre du poids en les suivant. (**Note** : les portions ci-après conviennent parfaitement aux personnes ayant subi un by-pass gastrique. Si vous n'avez pas subi cette chirurgie, vous pouvez les augmenter légèrement. Adressez-vous à un nutritionniste pour savoir ce qui vous convient le mieux.)

- **Une heure avant le petit-déjeuner :** un ou deux cafés avec un colorant à café et 10 g de sucre brut. J'aime bien Equal, mais c'est rempli de produits chimiques. Vous pensez peut-être qu'un sachet par jour ne peut pas vous faire de tort mais, pensez-y, ça fait tout de même 365 sachets par année ! Je vous conseille donc de mettre du sucre brut. (Si vous souhaitez prendre votre café en même temps que votre petit-déjeuner, ne vous en privez pas.)

- **Le petit-déjeuner :** Un oeuf (avec le jaune) brouillé, poché ou frit dans du Pam ou dans 5 ml d'huile d'olive. Vous pouvez y ajouter une petite poignée de fromage mozzarella râpé et l'assaisonner d'un peu de sel, de poivre ou de poudre d'oignon (facultatif : 5 ml de ketchup).
  Deux fois par semaine, j'ajoute à mon œuf du matin une petite tortilla (de maïs ou de farine) accompagnée de salsa. Ça fait un burrito ! Mmm…
  (C'est aussi le moment de prendre vos vitamines. En n'ayant pas l'estomac vide, vous éviterez les nausées.)

- **De l'eau !**

- **Le dîner :** Une poignée de laitue au choix et 85 à 140 g de saumon, de poulet ou de steak grillé ; 85 à 140 g de poitrine de dinde ; ou une cuiller à purée de thon. Il m'arrive d'ajouter des petits morceaux de légumes crus tels des carottes, du céleri, des betteraves ou du brocoli. Ma vinaigrette préférée est la Seven Seas Red Wine Vinaigrette. (Au restaurant, je me permets parfois de prendre un morceau de pain avec du beurre, ainsi qu'une bouchée de dessert.)

- **De l'eau !**

- **Une collation :** J'essaie de m'en passer mais, si c'est impossible, je mange quelques noix comme des cacahuètes ou des amandes (auxquelles j'ajoute parfois des raisins secs). Il n'est pas nécessaire de vider la boîte : une petite poignée suffit. Vous pouvez aussi manger une charqui (beef jerky), un peu de fromage cottage, un bâtonnet de fromage à effiler ou 15 g de beurre de cacahuètes (accompagné, si vous le désirez, d'une moitié de pomme ou d'une petite banane).

- **Le souper :** De 85 à 140 g de bœuf, de poulet, de tofu ou de poisson. Par exemple, je mange six crevettes moyennes, réfrigérées et accompagnées de 15 à 30 ml de sauce cocktail, ou grillées, sur un lit de laitues mélangées et assaisonnées de vinaigre de riz, de sel, de poivre et d' huile d'olive. Je mange également une petite portion de légumes vapeur assortis tels que brocoli, carotte, chou-fleur ou courgette. Il m'arrive de les arroser d'un filet de jus de citron et de les faire gratiner avec un peu de mozzarella. Je me permets également de 30 à 60 g d'un féculent — vous pouvez aller jusqu'à 100 g, surtout si vous n'avez pas subi de chirurgie de l'obésité ou ne visez qu'à maintenir votre poids — tel que la pomme de terre (en purée ou au four) ou le riz. (Évitez la friture et faites attention à la crème aigre si vous mangez une pomme de terre au four.)

  N'oubliez pas vos vitamines !

- **Le dessert :** Il doit toujours suivre immédiatement le souper. Essayez 125 ml de crème glacée ou de yogourt glacé à faible teneur en gras (et, dans mon cas, sans sucre ni gras). Vous pouvez y ajouter des fruits frais. Les petits fruits sont particulièrement exquis. Il m'arrive de couronner le tout de quelques cacahuètes ou amandes broyées.

Vous pouvez remplacer ce qui précède par deux bouchées (sans remplir la fourchette) de n'importe quel autre dessert.

- **De l'eau !**

Considérations spéciales :

Pour moi, bouffer au restaurant le soir peut s'apparenter à de la torture. Il est tout de même possible de manger santé à l'extérieur de la maison — si on suit le programme. (Lorsque je regarde un menu, j'ai envie de goûter à *tout !*)

Voici quelques autres défis susceptibles de se présenter :

- **Le pain :** Fuyez les hydrates de carbone comme la peste ! Pour perdre du poids, ne mangez pas de pain du tout. Pour maintenir votre poids, contentez-vous d'une demi-tranche ou d'une tranche. À partir de deux tranches, vous allez engraisser. Voici des équivalents à une demi-tranche de pain : un demi-bagel, 100 g de pâtes ou de riz et une tortilla de taille moyenne.

  Croyez-moi, ce sont les hydrates de carbone qui vous donneront le plus de fil à retordre. Si vous ne pouvez pas résister, allez faire une très longue marche ou effectuez 50 redressements assis. En d'autres termes, compensez par l'exercice, mais sans vous morfondre pour autant.

- **Les croustilles au maïs (chips tortilla) :** Dans un restaurant mexicain, vous devriez éviter complètement tout type d'aliment frit. Au pire, prenez une croustille au maïs copieusement tartinée de guacamole. En fait, le gras de l'avocat est bon pour la santé. Après ma chirurgie, j'ai été capable de résister totalement aux chips de maïs. Même si leur apparence et leur parfum me séduisent encore, je ne me sens pas très bien après en avoir mangé. J'avais l'habitude d'en engouffrer deux paniers ! *Muchos tortillas es muy gorda.* Traduction (je crois) : manger beaucoup de tortillas vous fera grossir.

- **Les frites et les patates chips :** une ou deux au plus. Considérez-les comme un dessert — n'en mangez pas toute une portion : goûtez-y seulement. Il va sans dire que c'est un des aliments dont j'ai le plus de difficulté à me passer.

- **La pizza :** j'adore ! Je ne vous suggère pas d'en manger tous les jours : c'est *loin d'être idéal*, mais un repas par semaine composé d'une pointe de pizza, accompagnée d'une petite salade, ne vous fera pas de mal. Essayez d'y ajouter du poulet ou une autre sorte de viande, de manière à inclure des protéines dans votre repas.

- **Le sushi :** ce que j'aime le plus au monde ! Je commence par des sashimis à la sériole à queue jaune, au thon ou au flétan. Je mange ensuite quelques morceaux de sushi au thon épicé, au germon épicé, au saumon, au crabe ou à la crevette. Comme le riz est très bourratif, je ne débute pas le repas par une soupe au miso (je me permets quelquefois d'en prendre quelques cuillerées dans l'assiette de la personne qui m'accompagne). Souvenez-vous simplement que le riz est un féculent et qu'il gonfle dans l'estomac. Il en faut moins que vous ne le pensez pour vous remplir. (N'oubliez pas non plus qu'il y a beaucoup de sel dans la sauce soya.)

- **Les vinaigrettes :** Qu'y a-t-il de meilleur qu'une vinaigrette de type ranch ? La version faible en gras est préférable mais, encore une fois, c'est une question de quantité.

- **La margarine :** Qui sait vraiment ce qu'il y a là-dedans ? Alors mangez du beurre, mais avec modération, et cuisinez à l'huile d'olive. C'est meilleur pour la santé et c'est meilleur au goût. Les Italiens savent ce qu'ils font !

- **Les boissons gazeuses :** Il est hors de question de prendre des boissons gazeuses ordinaires, et celles qui ne contiennent pas de sucre sont remplies de sodium. Vous n'avez qu'à les remplacer par de l'eau ou encore du thé glacé. Vous pouvez boire une ou deux boissons gazeuses par semaine, mais n'oubliez pas que vous n'en devez pas moins avaler deux litres d'eau par jour. Quant au jus de fruits, il est rempli de sucre. Personnellement, j'évite complètement le jus, car ça me fait faire du « dumping ». Alors, faites attention aux quantités ingurgitées !

- **L'alcool :** Bien sûr, ce n'est pas très santé, bien qu'on affirme aujourd'hui que prendre un verre de vin rouge deux ou trois fois par semaine est bon pour le cœur.

  Si vous avez des problèmes de dépendance, il est très important de faire attention aux quantités ! Ça me concerne directement ! J'adore boire du vin le soir en mangeant, mais j'essaie de me limiter à un verre. (**Note :** si vous avez subi une chirurgie de l'obésité, lisez le conseil nº 64 au prochain chapitre.)

- **Conseil spécial concernant les hydrates de carbone :** Je ne me prive pas complètement de mets comme la lasagne, les enchiladas et les tostadas. Je commence cependant par les protéines, puis je mange ce qui entoure la source d'hydrates de carbone. Si la coquille est frite, je n'y touche même pas. S'il s'agit d'un burrito, j'en prends quelques bouchées, puis je l'ouvre et je mange la garniture avec de moins en moins de tortilla (les hydrates de carbone).

  Vous pouvez également commander des repas sans aucun hydrate de carbone, par exemple un hamburger sans pain ou encore un tostada ou une salade de tacos sans la galette. De plus, vous pouvez demander à votre serveur de remplacer les frites par des fruits. Il est parfois préférable

de ne pas avoir l'objet de convoitise directement sous le
nez.

- **Le sucre et les desserts :** *Ahhhhhh !* Mes amours ! Quoi
  vous conseiller ? Ne vous privez pas entièrement de
  dessert ou de chocolat, mais contentez-vous d'y *goûter*.
  N'oubliez pas que les desserts sont chargés de gras et
  d'hydrates de carbone. Si vous n'avez pas subi de
  chirurgie de l'obésité, vous pouvez vous permettre un
  morceau de gâteau ou une pointe de tarte une fois par
  semaine, mais pas de dessert les autres jours.

  Si vous avez de la volonté, faites comme moi : mangez
  tous les jours une ou deux bouchées de dessert le midi ou
  le soir (ou les deux). Et puis versez du sel sur le reste (ça
  marche pour moi !). Le sucre est ce qu'il y a de plus
  difficile à supprimer de son alimentation. Dans le passé, si
  je me privais de sucre complètement, je devenais
  déprimée. Pourquoi subir une telle privation ? Les
  sucreries sont si délicieuses et si agréables à manger. Le
  problème, c'est *la quantité*. Maintenant, j'arrive à en
  manger un peu et à m'arrêter tout de suite après. J'ai la
  chance de pouvoir y goûter, m'en délecter et apprécier. Je
  me compte chanceuse de pouvoir en manger ne serait-ce
  qu'une bouchée.

  Les sucreries et les desserts vont toujours exister et
  nous devrions nous permettre d'y succomber de temps en
  temps. Certains jours, c'est plus difficile que d'autres. Que
  voulez-vous, c'est la vie.

(Si vous vous permettez une ou deux bouchées de gâteau quatre-quarts, souvenez-vous d'une chose : ne mangez pas les restes à même la poubelle — ha, ha, ha !)

✪ Comment être un bon patient après une chirurgie de l'obésité (si vous le souhaitez)

ette partie du livre est très spéciale, car elle s'adresse aux personnes qui songent à subir une chirurgie de l'obésité (ou qui l'ont déjà fait). Je voulais que ce guide soit aussi complet que possible afin qu'il puisse vous accompagner tout au long de votre cheminement. Les conseils que je vous prodigue sont issus de mon expérience personnelle. J'espère que vous pourrez en tirer profit.

1. Acceptez le fait que vous souffrez d'obésité morbide et que cette maladie risque de vous tuer. Cessez de nier la réalité !

2. Reconnaissez que, si vous ne vous débarrassez pas de votre excédent de poids, vous risquez un jour (si ce n'est déjà le cas) de souffrir de certains désordres causés par l'obésité, comme l'hypertension artérielle, un taux élevé de cholestérol, une maladie du cœur, le diabète, certains cancers, l'apnée du sommeil, l'asthme, les douleurs articulaires, les maux de dos, les maux de tête, la goutte, un dysfonctionnement de la vésicule biliaire et des problèmes circulatoires, y compris la possibilité qu'un caillot de sang aux jambes aille se loger dans le cœur ou les poumons, ce qui est mortel. (Tout ceci s'ajoute, bien entendu, à l'extrême souffrance émotionnelle causée par l'obésité morbide.)

3. Demandez-vous depuis quand vous souffrez d'embonpoint. Si ça fait longtemps, vous avez probablement déjà souvent essayé de perdre du poids. Soyez honnête : avez-vous vraiment *tout* essayé ou avez-vous succombé à un sentiment d'impuissance qui vous a fait abandonner tout espoir ?

4. Soyez réaliste : les régimes amaigrissants ne sont pas une solution pour les personnes souffrant d'obésité morbide. Voici comment ça fonctionne : vous suivez un régime, vous perdez du poids et vous finissez par le reprendre (avec quelques kilos supplémentaires en prime). Le cycle se répète jusqu'à ce que vous deveniez gravement malade.

5. Rendez-vous à l'évidence : dans notre pays, l'obésité morbide vient au second rang des causes de décès les plus faciles à prévenir, tout de suite après la cigarette. *Ça vous fout royalement la trouille, non ?* C'est drôlement révélateur !

6. Comprenez bien que la chirurgie de l'obésité est la seule méthode d'amaigrissement qui permet de perdre de 50 % à 75 % de l'excédent de poids. Seul un faible pourcentage de patients reprendront 25 % du poids qu'ils avaient perdu. Pensez à toutes ces personnes qui, comme moi, ont perdu 98 % de leur excédent de poids. Je n'ai repris que *deux kilos*. Bien sûr, la balance fluctue, mais je reviens toujours au même poids, ce qui ne m'était jamais arrivé auparavant. Aucun traitement médical ou régime amaigrissant connu ne m'a jamais aussi bien réussi.

7. Lâchez prise. Les visites chez le psychiatre et la fréquentation hebdomadaire d'un groupe d'entraide Weight Watchers ne suffisent pas : admettez-le !

8. Vous n'en avez pas moins besoin d'aide sur le plan psychologique afin d'explorer les causes de votre maladie. Examinez les motifs qui vous poussent à « manger » vos émotions et travaillez à augmenter l'estime que vous avez de vous-même.

9. Faites des recherches fouillées sur les différents types de chirurgie de l'obésité. Le by-pass gastrique (c'est ce que j'ai subi, moi) sert d'étalon pour évaluer les autres. Renseignez-vous sur les risques pré et post opératoires, ainsi que sur les effets secondaires inhérents à chaque type de chirurgie.

10. Sachez qu'il est plus risqué d'être obèse que de se faire opérer pour l'obésité. C'est connu.

11. Êtes-vous vraiment décidé ? Il est extrêmement important de vous demander si vous êtes prêt, consentant et capable d'assumer les responsabilités inhérentes à la chirurgie. Vous devrez passablement modifier votre style de vie. Y êtes-vous prêt ?

12. Décidez si la chirurgie est ce qui vous convient. Si vous craignez de la subir ou ne pouvez pas consentir à accepter ce changement dans votre corps, ce n'est pas pour vous. Cependant, si vous avez envie que votre corps devienne enfin votre ami (après avoir été votre ennemi), vous êtes sur la bonne voie.

13. Discutez-en avec l'être cher, les membres de votre famille et vos amis. Parlez-leur de la chirurgie et fournissez-leur tous les détails, y compris les avantages et les effets secondaires possibles. Pour vous comprendre et vous soutenir, ils doivent en savoir autant que vous. Les personnes qui n'ont jamais souffert d'embonpoint risquent cependant d'avoir du mal à comprendre pourquoi vous prenez cette décision qui, soit dit en passant, sera sans doute la plus importante en matière de santé que vous ayez prise jusque-là.

14. Admettez que l'aide dont vous avez besoin passe par la chirurgie. Vous êtes à la fois faible et fort, si vous voyez ce que je veux dire. Vous avez admis votre impuissance et reconnaissez que vous avez besoin de soutien. Il vous faut un coup de pouce pour vous aider à vaincre ce qui menace votre santé. Ce n'est *pas* comme de s'avouer vaincu ou d'abandonner la partie : c'est simplement reconnaître que l'on résiste difficilement à la nourriture et que l'on se sent impuissant devant le problème, *ce qui est louable en soi*. Essayez de ne pas vous laisser influencer par les rumeurs et le qu'en-dira-t-on concernant la chirurgie de l'obésité. Ce n'est pas quelque chose de mauvais et cela ne fait pas de vous une mauvaise personne. Au contraire, il faut être brave, confiant, courageux, et avoir un bon jugement pour décider de prendre en main sa santé et sa vie. C'est le plus beau cadeau que vous puissiez vous faire. Les gens autour de vous ne seront pas toujours d'accord avec vos choix, mais vous devez une fois pour toutes prendre les commandes de votre propre vie.

15. Acceptez le fait qu'il s'agit là d'une mesure radicale. Il se peut que vos proches réagissent par de l'excitation, de la nervosité, de l'inquiétude et même de la peur. Ils ont le droit. Après tout, il faut laisser les gens réagir et permettre à vos proches d'exprimer leur opinion. Ils ont besoin de sentir que vous les écoutez et que vous n'allez pas vous lancer tête première dans cette aventure sans les consulter.

16. Respectez les réactions des autres, puis prenez du recul.

17. Faites-le pour *vous*. C'est votre vie — personne d'autre que vous ne peut changer qui vous êtes. Ne prenez jamais une décision comme celle de subir une chirurgie de l'obésité pour plaire à quelqu'un d'autre. De nombreuses personnes affirment qu'elles le font pour leurs enfants ou les êtres qui leur sont chers, mais j'ai la ferme conviction que vous devez le faire pour *vous* et votre santé, afin de vivre longtemps auprès d'eux. Par contre, l'exemple et les encouragements des autres peuvent être très bénéfiques !

18. Consentez à vous donner ce que vous vous êtes toujours refusé auparavant : prendre soin de vous-même. Acceptez le fait que vous avez besoin d'aide. Après tout, qui oserait critiquer quelqu'un qui se fait opérer parce qu'il a besoin d'une nouvelle valve au coeur ?

19. Préparez-vous. Ça peut même être amusant !

20. Fouillez sur Internet et cherchez des renseignements sur les chirurgies de l'obésité. Encore mieux : parlez à des gens qui en ont déjà subi une. Ce sont des personnes ressources d'une valeur inestimable parce qu'elles sont passées par là et qu'elles pourraient être en mesure de répondre à certaines de vos questions. Parlez-leur, demandez-leur de raconter leur expérience du début à la fin. Tirez profit de ce qu'elles vous diront.

21. Reconnaissez que personne n'est identique. Les réactions à l'anesthésie, la vitesse de guérison et les réactions émotionnelles ne sont pas les mêmes pour tout le monde. D'une personne à l'autre, le degré d'engagement diffère également. Nous avons cependant tous quelque chose en commun : une maladie appelée *obésité* et le désir de recouvrer la santé.

22. Trouvez un chirurgien membre de l'ASBS (American Society for Bariatric Surgery). Ne laissez *pas* n'importe quel gastroentérologue ou chirurgien traumatologue vous opérer. Même si ces derniers font des merveilles dans leur domaine, adressez-vous plutôt à un spécialiste en chirurgie de l'obésité et assurez-vous qu'il en a déjà pratiqué des centaines. Si vous optez pour une procédure par laparoscopie, assurez-vous que votre médecin en a déjà fait au moins cent. Si vous ne pouvez obtenir de rendez-vous avant quatre à six mois, c'est peut-être parce qu'il fait rarement ce type de chirurgie. Vous ne devriez pas avoir à attendre plus de quelques mois avant de connaître la date de votre chirurgie.

Recherchez un chirurgien calme, confiant et expérimenté qui a votre succès à cœur et qui aime ce qu'il fait. Vous devez être à l'aise en sa présence et vous sentir libre de lui poser toutes les questions qui vous viennent à l'esprit. Vous devez également vous sentir proche de lui et lui faire confiance ; pour sa part, il doit vous faire sentir qu'il est convaincu que c'est la meilleure chose à faire dans votre cas et qu'il s'occupera bien de vous. Dites-lui à quel point il est important qu'il fasse un bon travail et qu'il prenne bien soin de vous. C'est votre corps après tout…

23. Vérifiez si la chirurgie est défrayée par votre assureur. Avec certains types de régime, il peut être difficile d'obtenir le remboursement d'une chirurgie de l'obésité. *N'abandonnez surtout pas la partie !* De nombreux chirurgiens accepteront même de vous aider à obtenir la couverture nécessaire. Il se peut que ce soit long mais, au risque de me répéter, vous n'êtes pas devenu obèse du jour au lendemain. Vous avez attendu jusqu'à maintenant pour changer votre vie et ça *va* arriver.

24. Sachez bien que toute chirurgie comporte des risques. La chirurgie de l'obésité peut entraîner des complications. Vous pourriez mal réagir à l'anesthésie, subir un arrêt cardiaque (le risque est plus grand chez les personnes très obèses), souffrir d'un blocage intestinal, d'un épanchement intestinal ou d'une hernie ; un caillot de sang pourrait se former dans une jambe et aller se loger au cœur ou dans les poumons ; vous pourriez mourir. Oui, vous pourriez mourir. Or, *n'importe quel* type de chirurgie peut entraîner la mort. Au chapitre des bonnes nouvelles, disons que les chirurgies de l'obésité sont à peu près aussi risquées que l'ablation de la vésicule biliaire. Les gens ne le savent pas ; alors, ils pensent que c'est bien pire.

En fait, les risques liés aux complications susmentionnées sont faibles. Néanmoins, vous devez faire des recherches poussées sur le sujet et très bien vous préparer avec l'aide de votre chirurgien et des infirmières qui l'assisteront à l'hôpital. Votre préparation devrait comporter des tests poussés, aussi bien physiques que psychologiques, de manière à déterminer si vous êtes un bon candidat. Ces tests contribuent à assurer votre mieux-être et à vous préparer le mieux possible à votre chirurgie. Votre médecin devra tout connaître de vos antécédents médicaux. Quant aux infirmières, elles vous aideront à traverser les difficultés émotionnelles et psychologiques inhérentes à la chirurgie.

25. Répétez-vous souvent que vous avez choisi de vivre mieux et plus en santé. Acceptez les risques possibles, faites le nécessaire pour y faire face et cessez d'y penser !

26. Restez positif. Le jour de votre chirurgie, soyez confiant et heureux. Souriez et parlez-vous : dites-vous que tout ira bien, que ce sera la plus belle expérience de votre vie. Les gens positifs non seulement guérissent plus vite, mais aussi obtiennent de meilleurs résultats à long terme. Donc, essayez réellement de garder le moral, mais sachez qu'il est tout à fait normal d'être un peu craintif et nerveux. C'était mon cas.

27. Suivez les directives de votre chirurgien concernant la période qui précède votre chirurgie, ce qui ne doit pas pour autant vous empêcher de vivre normalement. N'arrêtez pas de manger, mais ne faites pas exprès non plus pour vous empiffrer. Faites ce que vous voulez. De nombreuses personnes commencent à perdre du poids juste avant la chirurgie parce qu'elles sont contentes d'avoir pris cette décision. On se sent à la fois soulagé et craintif. Cependant, il y a une chose que vous devez *absolument* faire, c'est de cesser de fumer.

28. Apportez des vêtements confortables, des livres et tout autre objet qui vous réconfortera pendant la convalescence. Au début, vous serez fatigué et, la première semaine, vous n'en mènerez pas large.

29. N'oubliez pas de sourire et de prier. C'est une combinaison gagnante. Bonne chance !

30. Sachez qu'en vous réveillant de la chirurgie vous aurez peut-être mal. Il se peut que vous ayez l'impression d'avoir fait mille redressements assis. On vous administrera probablement de la morphine par intraveineuse ; alors, ne vous inquiétez pas trop de la douleur. Si tout se passe bien, votre médecin vous prescrira bientôt du Tylenol avec codéine ou tout autre analgésique que vous prendrez pendant au plus une semaine.

31. Marchez, marchez et marchez encore ! Suivez les conseils des infirmières. Si elles vous disent de vous lever et de marcher, faites-le. Plus vite vous marcherez, plus vite vous guérirez. De plus, soufflez dans le tube : ce dernier n'est pas là pour rien. Si vous ne voulez pas finir par attraper une pneumonie, faites travailler vos poumons ! C'est crucial !

32. Suivez les directives à la lettre. On vous remettra peut-être des feuilles ou un livret d'instructions vous disant quoi faire avant et après la chirurgie. Surtout, lisez-les et suivez les conseils qui y sont inscrits. Dites-vous qu'en étant un bon patient vous mettrez toutes les chances de votre côté et maximiserez les résultats. Prenez vos médicaments et suivez les directives de votre chirurgien. Si l'on vous donne des conseils, c'est parce que vous en avez besoin.

33. Dès qu'on vous le permettra, commencez à prendre des petites gorgées d'eau. Ne lésinez pas là-dessus. Pendant un certain temps, chaque gorgée d'eau ou de nourriture constituera une expérience en soi. Ça fait partie du jeu. Parfois ça descendra bien, parfois ça ne passera pas ; alors, allez-y doucement. Ne videz pas votre verre d'eau d'un seul coup — allez-y à petites gorgées, comme un bébé. Le même conseil s'applique à tout ce que vous vous mettrez dans la bouche : pas plus que l'équivalent d'un pois (ou moins) à la fois.

34. Sachez que vous n'aurez probablement pas faim. Je n'ai pas eu faim pendant trois mois. En fait, j'oubliais de manger : *tout un miracle* !

35. Si vous rêvez d'une grosse assiettée de purée de pommes de terre, d'un steak juteux ou de tout autre plat que vous affectionnez particulièrement, ne vous en faites pas. C'est parfaitement légitime, mais rappelez-vous une chose : vous en remangerez un jour. Il vous faudra cependant restreindre temporairement vos choix alimentaires ainsi que vos portions afin de préserver votre santé et partir du bon pied. La façon dont vous allez vous nourrir au cours des six mois suivant votre chirurgie déterminera probablement vos habitudes alimentaires pour le restant de vos jours.

36. Vous pourriez vous sentir triste ou un peu déprimé après votre chirurgie. Après une anesthésie, il arrive que l'on ne soit pas dans son assiette, que l'on se sente fatigué et même que les perceptions soient altérées. Et puis, les analgésiques sont terribles. On en a parfois besoin mais, si possible, il est mieux de s'en passer — beurk !

37. Joignez-vous à un groupe de soutien et confiez-vous. Vous y rencontrerez certaines personnes qui se remettent facilement de leur chirurgie et d'autres qui éprouvent plus de difficulté. Il est bénéfique d'être exposé à tout un éventail de réactions. Dans ce genre de groupe, c'est l'entraide qui compte.

38. Sachez que vous vous sentirez à côté de vos pompes pendant un certain temps. Vous aurez l'impression d'être quelque peu détraqué, mais ne vous en faites pas. Ça ira un peu mieux de jour en jour.

39. Commencez à penser en fonction de perte de poids. Essayez d'imaginer que vous courez et que votre pantalon vous glisse de la taille. Vous vous regardez dans le miroir et constatez une différence. Les gens s'aperçoivent que vous avez maigri. Vous respirez mieux ou, encore, vous n'avez plus à prendre vos médicaments pour le diabète chaque jour ! Et vous êtes fier de pouvoir vous maîtriser devant la nourriture et vous sentir rapidement rassasié.

40. Ne mangez pas plus qu'il ne faut. Prenez des petites bouchées et mastiquez lentement, mais ne passez pas plus de 20 minutes devant votre assiette. Éloignez-la dès que vous êtes rassasié, mais avant d'avoir le ventre plein. Croyez-moi, vous comprendrez ce que je veux dire — c'est miraculeux.

41. Buvez au moins deux litres d'eau chaque jour, sans exception. N'oubliez pas qu'on élimine de la graisse par l'urine. Vous devriez uriner toutes les heures. Chaque fois que vous allez aux toilettes, dites-vous : « J'élimine de la graisse ! » Plus vous boirez d'eau, plus vous perdrez de poids. Essayez toutefois de ne pas boire dans la demi-heure ou l'heure qui suit ou précède un repas. L'eau risque de vous couper l'appétit et vous avez vraiment besoin de vos protéines chaque repas.

42. N'oubliez pas que le jus, le café et le thé ne remplacent _pas_ l'eau. Aucun autre liquide ne la remplace. Je sais que nous sommes presque tous rebutés à l'idée d'avoir à boire de l'eau, mais nous n'avons pas le choix : à raison d'une gorgée à la fois, tout au long de la journée, nous y arrivons. Et n'oubliez pas de laver votre bouteille à l'eau savonneuse avant de la remplir de nouveau, car des bactéries risquent de se former à l'intérieur : dégoûtant, n'est-ce pas ?

43. Attention : estomac sensible ! Une personne sur trois aura de la difficulté à garder la nourriture et même les liquides.

Parfois, vous mangerez quelque chose et ça ne passera pas. Les bouchées seront peut-être trop grosses ou votre estomac sera hypersensible à ce qu'il reçoit en premier. *Croyez-moi cependant, les choses iront en s'améliorant.* Si vous éprouvez des difficultés, parlez-en à votre chirurgien ou à votre infirmière. Cependant, si vous vomissez tout ce que vous mangez et que ça dure une semaine, parlez-en *immédiatement* à votre chirurgien. Il y a peut-être formation de tissu cicatriciel.

44. Ne vous sentez pas obligé de prendre trois repas par jour. Vous aurez peut-être envie de manger une seule fois par jour, ou encore deux ou trois. Faites ce que bon vous semble, mais ne lésinez pas sur les protéines : le corps en a besoin. Et pas de collations !

45. Prenez vos vitamines (et faites-vous à l'idée que vous en prendrez tous les jours pour le reste de votre vie). Les vitamines seront dorénavant essentielles à votre survie. En effet, votre corps n'est pas encore en mesure d'absorber tous les nutriments dont il a besoin et, comme vous mangez moins, vous ingérez moins de vitamines et de nutriments. Les suppléments que l'on vous prescrira comprendront probablement une multivitamine, de la vitamine B_{12} (voir le n° 46), du calcium et du fer. Ne prenez pas le calcium et le fer en même temps : ils se nuisent mutuellement. Prenez le fer le matin, avec le petit-déjeuner, et le calcium au souper ou au coucher. Pour maximiser l'absorption du fer, il est recommandé de prendre en même temps 500 milligrammes de vitamine C. (**Remarque** : vous serez incapable d'absorber certains types de calcium — consultez votre médecin à ce sujet.)

Personnellement, voici à quoi ressemble mon menu vitaminique. Je prends des VistaVitamins, *les seules* qui soient formulées pour les personnes ayant subi un by-pass gastrique. Une fois par semaine, je prends également une capsule de vitamine B_{12} sublinguale (à se mettre sous la langue) vendue par Trader Joe's. De temps à autre, je mâche une Viactiv. Je prends toujours mes vitamines avec de la nourriture, car je les digère plus facilement ainsi.

Prendre vos vitamines ne devrait pas être une corvée : après tout, vous vous brossez bien les dents tous les jours, n'est-ce pas ? Vous devrez trouver la meilleure façon de les intégrer à votre routine quotidienne. Surtout, n'en ayez pas honte : soyez-en fier ! Les gens seront impressionnés de constater que vous prenez soin de vous. Et qui sait ? Ils suivront peut-être votre exemple...

46. N'oubliez pas la vitamine B_{12}. Cette dernière est cruciale, surtout pendant les trois mois qui suivront la chirurgie. La vitamine B_{12} (ainsi que les protéines) vous aidera à lutter contre une perte temporaire de cheveux. Ne vous inquiétez pas si vous perdez des cheveux entre le troisième et le sixième mois après votre chirurgie : ils repousseront. Vous pourrez cependant contrer cet effet secondaire en prenant *exactement* la dose de vitamine B_{12} recommandée par votre chirurgien et en avalant des tonnes de protéines. Cependant, n'oubliez pas que trop de vitamine B_{12} peut être dangereux ! Ne décidez surtout pas d'augmenter la dose vous-même sans consulter votre chirurgien.

47. Tenez un journal. Vous pourrez y consigner vos progrès, ainsi que les nouveaux aliments que vous réintroduirez graduellement dans votre alimentation. Toute une aventure !

48. Pesez-vous au moins une fois par semaine. Faites-le une fois par jour si vous le désirez. C'est amusant de voir enfin la balance passer du statut d'ennemie à celui d'amie ! Vous pourriez même avoir envie de l'embrasser plutôt que de la jeter par la fenêtre !

49. Ne soyez pas trop dur avec vous-même. Personne ne progresse au même rythme : essayez de ne pas vous comparer aux autres. Je sais que c'est difficile, mais souvenez-vous que chacun perd du poids et mange différemment.

50. Suivez les quatre règles qui suivent et je vous jure que vous atteindrez votre objectif (ou le frôlerez de près) : 1) commencez chaque repas par des protéines ; 2) buvez deux litres d'eau par jour ; 3) ne grignotez pas entre les repas — je sais que c'est très difficile, mais l'eau vous aidera à vous sentir rassasié (si vous *ne pouvez pas vous empêcher* de prendre une collation, mangez une charqui, des noix, du fromage cottage ou 5 g de beurre de cacahuètes — en d'autres termes, que des protéines) ; 4) faites de l'exercice de trois à cinq fois par semaine. Vous pourriez faire 30 minutes de tapis roulant, une longue promenade, une séance d'aérobie ou de la natation. Bien sûr, vous devrez y aller graduellement, mais vous y parviendrez. Ce qu'il faut comprendre, c'est que, dorénavant, vous allez *bouger* au lieu de rester assis ! Et ça, c'est vraiment chouette ! En prime, voici un autre conseil : prenez vos vitamines tous les jours !

51. Mettez du piquant dans votre routine. Faites de nouvelles expériences culinaires. Essayez de cuisiner davantage, de manière à connaître la composition exacte de certains plats. Vous apprendrez ce qui vous convient le mieux. Personnellement, j'aime bien manger un œuf avec du fromage au petit-déjeuner. Il m'arrive de le tremper dans un peu de ketchup, mais vous devrez faire attention au sucre tout de suite après votre chirurgie. Vous risquez de faire du « dumping », même avec une toute petite quantité de ketchup. Quoi que vous fassiez, votre petit-déjeuner ne devrait comporter *ni* gruau, *ni* de crème de blé, *ni* aucune autre source d'hydrates de carbone. C'est une très mauvaise façon de commencer la journée. Si vous mangez des protéines, vous serez rassasié pendant des heures.

52. Apprenez à connaître ce que vous mangez. Si vous croyez que la soupe aux pois constitue un bon choix de repas parce qu'elle se digère bien et qu'elle est chaude et réconfortante, vous avez tort. Ce n'est pas la meilleure source de protéines (mon mot préféré commençant par « p »). Lisez les étiquettes et sachez ce qui entre dans la composition de vos aliments.

53. Ne comptez pas les calories : c'est une véritable perte de temps. Après votre chirurgie, vous ne pourrez pas consommer assez de nourriture pour que le nombre de calories ait une quelconque influence sur votre perte de poids. Si vous prenez de plus en plus de collations (tape sur les doigts), vous devrez vous en soucier. C'est mathématique : si vous consommez plus de calories que vous n'en brûlez, vous prendrez du poids. Comme votre corps renferme probablement assez de calories pour une année complète de subsistance, ne craignez pas de manquer de nourriture.

54. N'oubliez pas de privilégier les protéines *chaque* repas. Mangez d'abord des protéines jusqu'à ce que votre faim s'apaise. Essayez d'ingérer des protéines solides mais, si vous avez de la difficulté à les garder, discutez avec votre chirurgien de la possibilité de prendre des boissons protéinées ou des protéines fibreuses que vous réduirez en purée. Vous aurez le choix parmi les sources suivantes : œufs, poisson, poulet, dinde, bœuf, soya, tofu, fromage cottage et légumineuses. Vous serez peut-être heureux d'apprendre que, chez Taco Bell, on fait revenir les haricots « frits » dans de l'eau et non dans du saindoux !

N'oubliez pas : il est facile de donner du goût aux aliments en y ajoutant du sel, du poivre et d'autres assaisonnements. Après ma chirurgie, j'ai eu beaucoup de plaisir à découvrir de nouveaux aliments. On aurait dit que tout avait meilleur goût ! Je savourais et j'appréciais tellement plus chaque bouchée.

55. Après quelques mois, il est normal d'avoir irrésistiblement envie de sucre ou d'autres choses. Vous pouvez vous permettre quelques coups de langue sur une sucette ou un bonbon dur après un repas, par exemple. Ne vous sentez pas coupable si vous y succombez ! Vous devriez aussi pouvoir prendre une bouchée de n'importe quel dessert (mais seulement au bon moment !). Soyez prudent cependant : ne prenez pas de trop grosses bouchées. Le « dumping » est loin d'être agréable. Je dois dire cependant que ce type de réaction me sauve la vie, car je sais automatiquement que l'aliment que je viens d'ingurgiter contient trop de sucre. La nourriture s'en va directement dans l'intestin ; mon pancréas ne s'en aperçoit pas et il se met à produire des tonnes d'insuline. Je réagis alors comme un diabétique : j'ai des sueurs froides, le cœur qui bat trop vite, le nez qui coule et se bouche, et j'ai envie de vomir mais j'en suis incapable. De plus, je ressens une fatigue immense et je dois absolument m'allonger, peu importe où je suis. (On peut aussi avoir de grosses crampes et de la diarrhée.) Le pire, c'est qu'en plus je vois tout en noir.

Un « dumping » peut durer de 15 à 45 minutes, suivant son degré de gravité. Parfois, je n'en connais même pas la cause. Vous devez vous préparer à cette éventualité. Croyez-moi, vous apprendrez rapidement à distinguer ce qui vous convient de ce qui ne vous convient pas. C'est la raison pour laquelle je suis contente que le « dumping » existe. Pourquoi voudrais-je pouvoir manger ce qui a été à la source de mon obésité ? Quelle joie de pouvoir écrire ces mots !

56. Ne soyez pas surpris si vous commencez à vous sentir différent. Si vous suivez tous mes conseils, vous perdrez certainement du poids — et probablement vite. Il se peut que ces soudaines transformations vous mettent très mal à l'aise. *Ne vous inquiétez pas.* Ça fait partie du processus et vous aurez un peu d'avance quand viendra le moment de vous détacher de la partie de vous-même qui est malsaine. En faisant place nette, vous serez en mesure d'accueillir une autre partie de vous-même qui est plus heureuse et plus en santé.

57. Faites le nécessaire pour faciliter votre adaptation : groupe de soutien, thérapie, larmes, célébrations dans la joie et… exercice ! Il vous faudra un à deux ans pour vous adapter. Au moment où j'écris ces lignes, ça fait trois ans et demi que j'ai subi ma chirurgie de l'obésité et je n'ai pas tout à fait fini de m'adapter à mon nouveau moi.

58. Préparez-vous à faire face à toutes sortes de réactions de la part des gens qui seront témoins de votre transformation physique et émotionnelle. Il se peut qu'ils en sortent *eux aussi* transformés. N'oubliez pas que vous vous sentirez mieux si vous arrivez à parler de vos émotions et de ce que la chirurgie vous a apporté. Certains d'entre vous seront fiers d'en parler, alors que d'autres se sentiront intimidés. En effet, il peut être éprouvant de rencontrer quelqu'un qui a réussi là où on a toujours échoué.

Peu importe les réactions des autres, il est normal qu'après avoir perdu du poids on se sente davantage maître de sa destinée. Quant aux parents et amis, ils devraient, dans une certaine mesure, partager la joie qu'on éprouve. N'oubliez cependant pas qu'ils ont *eux aussi* besoin de soutien.

59. Éclatez-vous ! Votre vie va prendre un nouveau tournant, car vous pourrez faire des choses dont vous avez toujours rêvé. *Profitez-en !* Enfourchez une bicyclette, chaussez des patins à roues alignées, allez danser, jouez au bowling, skiez, faites de la randonnée pédestre ou un tour de montagnes russes et criez à pleins poumons. À présent que vous pouvez entrer dans les sièges des salles de concert et de cinéma, sortez. Vous avez maintenant accès à tellement de choses qui vous étaient interdites auparavant parce que vous en aviez honte ou en étiez carrément incapable. Célébrez chaque petite victoire comme courir au parc avec vos enfants ou… lacer vos chaussures !

60. N'oubliez pas qu'il est normal d'atteindre un plateau à un moment ou à un autre. Si votre perte de poids commence à ralentir entre quatre à douze mois après votre chirurgie, c'est normal. Il devient alors crucial de boire davantage d'eau, de faire plus d'exercice et de limiter les collations au minimum. N'oubliez pas que vos mensurations continuent à diminuer même si la *balance* refuse de bouger pendant un certain temps. Ce n'est surtout pas le moment de vous laisser abattre. Presque tout le monde passe par là — vous vous en sortirez, vous aussi. Par ailleurs, ne faites pas comme si de rien n'était. Posez-vous des questions : « Ai-je consommé davantage de pain cette semaine ? Ai-je fait de l'exercice une ou cinq fois ? Ai-je bu assez d'eau ? » Lorsque vous atteignez un plateau, il y a *toujours* une explication.

61. Augmentez vos quantités : c'est permis. Après avoir mangé de toutes petites portions pendant une année complète, il est normal de les augmenter. Ne vous inquiétez pas si vous trouvez plus facile de manger une grosse assiettée de salade qu'une énorme poitrine de poulet. Sachez cependant qu'en absorbant des protéines solides vous vous sentirez plein et resterez rassasié beaucoup plus longtemps. Si vous craignez « d'étirer votre estomac » parce que vous mangez plus, réfléchissez à ceci : combien mangez-vous de plus *réellement* ? Par quel sorte d'aliment commencez-vous vos repas ? Mettez-vous à table et dégustez une poitrine de poulet ou un morceau de steak et attendez cinq minutes. Je vous jure que vous serez totalement rassasié.

62. Sachez que vous ne pouvez pas réellement « étirer votre estomac ». Cependant, si vous grignotez toute la journée et buvez aux repas, la nourriture passera plus facilement de votre estomac à votre intestin grêle et, comme elle séjournera moins longtemps dans votre estomac, vous ressentirez la faim plus vite. Alors, évitez de grignoter et ne buvez pas pendant un repas ou peu après.

63. Ne vous laissez pas intimider par les fêtes et autres occasions spéciales. Au chapitre des bonnes nouvelles, disons que votre régime est le même 365 jours par année. S'il vous arrive, *malgré tout*, de prendre quelques bouchées supplémentaires de friandises, de gâteau ou de biscuit, ne paniquez pas ; or, si on additionne le tout, ça risque quand même de faire beaucoup. Augmentez alors votre ration d'eau et d'exercice, et vous verrez que ça aide réellement !

64. Faites attention à l'alcool. Vous ne devriez pas consommer plus de deux verres d'alcool par semaine. D'une part, ce n'est pas une saine habitude et, d'autre part, votre foie est plus vulnérable après une chirurgie de l'obésité. Soyez prudent, car vous serez plus sensible qu'avant aux effets de l'alcool. Restez vigilant.

65. Appelez votre chirurgien pour tout ennui de santé, par exemple si vous souffrez sérieusement de gaz, de nausée ou de constipation (causée généralement par une consommation d'eau insuffisante) et que le problème persiste, ou encore si vous souffrez d'une hernie. C'est le genre de choses auxquelles il faut voir sans tarder.

66. Continuez à suivre les quatre règles que j'ai mentionnées plus tôt et non seulement vous perdrez du poids, mais aussi vous ne le reprendrez jamais. Cependant, n'oubliez pas que seuls un engagement ferme et des efforts considérables de votre part vous assureront le succès. Si les gens vous disent que les chirurgies de l'obésité sont des solutions *faciles*, vous n'aurez qu'à penser à cette longue liste de conseils pour vous convaincre du contraire. Quelle ignorance de leur part !

67. Essayez de vous arrêter et de réfléchir à ce que vous faites si vous vous surprenez à reprendre vos anciennes habitudes. Observez-vous : continuez-vous à manger même lorsque vous avez le ventre plein ? Que cela fasse un an ou cinq ans que vous avez subi votre chirurgie, ressaisissez-vous ! Le pire serait de faire comme si de rien n'était, car cela vous mènerait directement à la prise de poids. J'ai déjà repris quatre kilos parce que j'avais trop grignoté, trop bu de vin et négligé l'exercice. Cela m'a rappelé que la chirurgie de l'obésité n'était *pas un remède* à ma maladie — c'est tout au plus un outil. Pour ne pas regrossir, il faut faire preuve d'une grande rigueur dans ses comportements. On n'y échappe pas. (Les groupes de soutien sont également utiles.)

68. Pesez-vous tous les matins à la même heure lorsqu'une année se sera écoulée depuis votre chirurgie, ce qui vous aidera à interpréter vos fluctuations de poids. Votre poids variera suivant votre consommation d'eau et de sel, ou le moment du mois si vous êtes une femme. N'oubliez pas que, s'il est facile de perdre un surplus de poids, il est tout aussi facile de le reprendre. Ne soyez pas obsédé par la balance, mais accordez-lui une place prépondérante dans votre vie. Elle vous permettra de rester sur vos gardes.

69. N'oubliez pas vos prises de sang tous les six mois. Dorénavant, vous devrez faire analyser votre sang régulièrement et surveiller tout particulièrement vos taux de fer et de calcium.

70. Demandez de l'aide si, sur le plan psychologique, vous avez du mal à vous habituer à votre nouveau moi, ou encore si vous développez de nouvelles accoutumances à l'alcool ou aux drogues par exemple.

71. Pour ce qui est d'avoir des enfants, il est préférable d'attendre de 12 à 18 mois après la chirurgie avant de tomber enceinte. Ainsi, vous ne compromettrez ni votre santé ni celle de votre bébé. À ce moment-là, vous devriez pouvoir manger suffisamment pour que votre bébé soit fort et en santé. Les chirurgies de l'obésité ne nuisent en rien aux grossesses. L'obésité ayant pour effet de perturber les hormones, il se pourrait même que vous deveniez plus fertile. En outre, vous réduirez le risque de souffrir de diabète gestationnel et aucun surplus de poids ne viendra s'ajouter à celui du bébé, ce qui facilitera la grossesse.

72. Ne vous inquiétez pas de votre surplus de peau. Soit que ce surplus ne vous dérange pas du tout, soit qu'il vous dégoûte au plus haut point. Si c'est le cas, songez à le faire enlever. Essayez d'obtenir un remboursement, ne serait-ce que partiel, de la part de votre assureur. Vous avez des droits à ce chapitre ; alors, défendez votre cause !

73. Donnez l'exemple. Racontez votre expérience aux autres. Dites-leur comment ça s'est passé, ce que vous avez appris et comment cela a contribué à accroître votre qualité de vie. C'est la façon dont j'ai choisi d'agir, et ça me fait vraiment du bien.

74. Soyez fier de ce que vous avez accompli et ne laissez pas les envieux affecter votre moral. Certaines personnes critiquent les autres pour éviter de faire face à leurs propres problèmes. Rappelez-vous combien vous avez travaillé fort et ne vous laissez pas atteindre par la négativité des autres. Je sais que ce n'est pas facile, mais pensez au chemin que vous avez déjà parcouru. Si vous avez accompli ça, vous pouvez faire face à *n'importe quoi* !

75. Remerciez Dieu tous les jours jusqu'à la fin de votre vie d'avoir mis sur votre chemin la procédure chirurgicale qui vous a apporté de l'aide. Aussi, soyez reconnaissant d'avoir eu la volonté et la force nécessaire de changer votre existence. N'oubliez pas que vous vous êtes sauvé la vie et qu'à votre tour vous pourriez aider quelqu'un d'autre à en faire autant.

Félicitations et n'oubliez pas le slogan préféré de mon amie Pam : « Visons le progrès, pas la perfection. »

✪ Un mot
au sujet des auteures

Carnie Wilson est auteure, actrice, interprète de voix hors champ, chanteuse et motivatrice. Elle vit présentement à Los Angeles. En plus de diriger son propre groupe de soutien pour personnes obèses sur le site **Spotlighthealth.com**, elle donne chaque mois des conférences dans les hôpitaux, devant de nombreuses personnes venues l'écouter parler de son parcours personnel et des méfaits de l'obésité morbide. Dans ses temps libres, elle se livre à sa passion pour la cuisine et n'hésite pas à faire essayer ses petits plats à son mari adoré Rob, lui-même musicien ; quant aux restes de table, c'est à leurs trois chiens affectueux que revient la tâche de les faire disparaître. Elle a encore du mal à croire qu'il y a réellement dans son placard un jean *Low Rise Boot Cut* de Gap, taille 6. D'ailleurs, ces jours-ci elle le porte, au lieu de se contenter de l'admirer.

Rendez-vous sur le site **www.carniewilson.com** pour en apprendre davantage sur l'auteure et sur son nouveau cédérom solo, sorti à l'automne 2003.

Cindy Pearlman est une chroniqueuse affiliée qui écrit pour le *New York Times Syndicate* et le *Chicago Sun-Times*. Elle a également collaboré à *Entertainment Weekly*, *Premiere*, *People*, *Ladies' Home Journal*, *McCall's*, *Seventeen*, *Movieline* et *Cinescape*. Depuis quinze ans, elle signe la rubrique « The Big Picture », dans laquelle elle interviewe les plus grandes vedettes de Hollywood. Cindy a également coécrit *Simple Things* (avec Jim Brickman), *It's Not About the Horse* (avec Wyatt Webb), *Born Knowing* (avec John Holland) et *Flex Ability* (avec Flex Wheeler).

✪ Notes

✪ Notes